INNOVADORES

Iván Fernández Amil

INNOVADORES

50 historias que hicieron historia

Papel certificado por el Forest Stewardship Council®

Penguin
Random House
Grupo Editorial

Primera edición: julio de 2025

© 2025, Iván Fernández Amil
© 2025, Penguin Random House Grupo Editorial, S.A.U.
Travessera de Gràcia, 47-49. 08021 Barcelona

Printed in Spain – Impreso en España

ISBN: 978-84-666-8180-3
Depósito legal: B-8.787-2025

Compuesto en Llibresimes, S. L.

Impreso en Liberdúplex
Sant Llorenç d'Hortons (Barcelona)

BS 8 1 8 0 3

Índice

Prólogo

Cada vez que abro un libro de mi gran amigo Iván Fernández, me hago la misma pregunta: «¿Cómo es posible que no nos contaran esto antes?». No me refiero a los grandes eventos ni a los personajes de siempre, sino a las pequeñas historias que los hicieron posibles. Las decisiones mínimas. Las ideas locas. Los fracasos repetidos. Los golpes de suerte que, en su momento, no parecían suerte.

Este libro también me recuerda, en muchas de sus páginas, las dificultades que encontré en mi propio camino. Como tantas de las historias que aquí se cuentan, mi experiencia estuvo llena de dudas, incomprensión y obstáculos que parecían imposibles de superar. Hubo momentos en los que seguir adelante era un acto de fe más que de certeza. Pero gracias a la constancia, la pasión por mejorar y la firme creencia en que otra manera de operar era posible, aquello que un día fue solo una intuición —la cirugía uniportal— se ha convertido hoy en una realidad consolidada que ayuda a miles de pacientes en todo el mundo.

Las cincuenta historias que conforman este libro tienen eso en común: nos muestran que la historia no está hecha solo de fechas y batallas, sino de personas. Personas corrientes que, a veces por accidente, a veces por obsesión y otras por puro empeño, dejaron una huella imposible de borrar.

Hay científicos que fallaron miles de veces antes de acertar, mujeres que cambiaron el rumbo de la medicina sin que nadie las escuchara, inventores que convirtieron una caminata por el bosque o una pierna amputada en un legado, y héroes anónimos que salvaron vidas sin pedir nada a cambio.

Este libro es un recordatorio de que detrás de cada gran idea hay una chispa humana. Y de que cualquiera de nosotros podría, alguna vez, encenderla.

Disfrútalo. Y, sobre todo, compártelo.

DR. DIEGO GONZÁLEZ RIVAS

Introducción

Desde niño me fascinan las historias. No las grandes, oficiales, llenas de fechas y nombres solemnes, sino las otras. Las pequeñas, las que no suelen contarse, las que ocurren en los márgenes y lejos de los focos, pero que a veces terminan cambiando el rumbo de la historia. Este libro nace de esa fascinación y de unas preguntas que siempre me han acompañado: ¿y si todo hubiera ocurrido de otra manera? ¿Y si esa persona no se hubiese atrevido, no hubiera insistido o no hubiera creído en sí misma? Las respuestas me han llevado a bucear durante años en archivos, libros olvidados, entrevistas y anécdotas para dar con esas piezas sueltas de un puzle mucho más complejo: el de la innovación humana.

Aquí no vas a encontrar batallas épicas ni inventores idealizados, sino que vas a leer sobre fracasos, sobre ideas rechazadas, sobre decisiones tomadas en soledad

y sobre personas que no tenían más que una intuición...
pero decidieron escucharla.

Algunas de estas historias hablan de mujeres silenciadas, de científicos incansables, de artistas incomprendidos o de héroes discretos, pero todas tienen algo en común: nos recuerdan que la innovación no es un privilegio de unos pocos, sino una forma de mirar el mundo.

He elegido estas cincuenta historias porque todas me emocionaron; porque detrás de cada una de ellas hay una chispa que merece ser contada; porque creo, de verdad, que inspiran; y porque estoy convencido de que, cuando las conocemos, algo dentro de nosotros cambia.

Este libro tampoco habría sido posible sin mi propio pequeño grupo de héroes: Victoria, Manuel y Gloria. Gracias por acompañarme, por sostenerme y por inspirarme. Vuestra paciencia, cariño y complicidad están detrás de cada página.

Ojalá al cerrar este libro tengas la certeza de que cualquiera, incluso tú, puede escribir la próxima gran historia.

1

Una obra de arte que hace café: la Moka Express

En 1931, un ingeniero italiano observaba en su pueblo natal, en el Piamonte, cómo las mujeres, entre ellas su madre, lavaban la ropa. El sistema que usaban para hacerlo le sirvió de inspiración para crear uno de los diseños más famosos e icónicos de la historia de la humanidad: la cafetera Moka Express, más conocida como cafetera italiana.

Usaban un caldero lleno de agua que ponían a hervir. Cuando entraba en ebullición, el agua ascendía por un tubo y caía sobre la colada, donde se mezclaba con jabón para lavar la ropa.

A principios del siglo xx ya existían en Italia cafeteras que obtenían el café gracias a la presión del vapor, pero se trataba de enormes dispositivos industriales que tenían que manejar siempre operarios expertos. Como algunas tenían forma de locomotora de tren, a ese café comenzó a llamársele «café express». Estas máquinas eran enormes, muy caras, complejas, se fabricaban en latón y estaban presentes tan solo en algunas cafeterías, lo que limitaba su alcance a una pequeña parte de la población.

Alfonso Bialetti convirtió aquel sistema de lavado que se usaba en su pueblo en un artefacto que permitía disfrutar en casa del mejor café expreso, y presentó en 1933 el diseño definitivo, fabricado en aluminio. Empleó este metal porque no contaba con las restricciones que sí tenía el acero, aunque él decía que lo había elegido porque el material hacía que su café resultara más sabroso. Parece ser que el secreto es que el aluminio disipa mejor el calor que el acero inoxidable, por lo cual, cuando el café llega a la parte superior, no continúa calentándose y haciéndose, con lo que se consigue el auténtico sabor del café hecho en casa.

En un principio la distribución de su invento era muy local y hasta 1938 solo se vendieron setecientas mil unidades fabricadas en un taller artesanal. Alfonso Bialetti no era un gran vendedor, pero su hijo Renato sí. Cuando en 1945 este regresó de Alemania, donde había estado retenido en un campo de concentración nazi, puso en marcha un sistema de comercialización, publicidad y producción que revolucionó la marca, y consiguió vender mil unidades diarias.

Además, para evitar las imitaciones y crear lo que hoy se consideraría una imagen de marca, introdujo en sus cafeteras la caricatura de un señor bigotudo, que en realidad era el propio Renato; consiguió con ello crear una identidad que hizo que la marca fuera reconocida.

La máquina de café Moka Express llegó en poco tiempo al 90 por ciento de los hogares italianos y se calcula que se han vendido más de doscientos cincuenta millones de unidades. Bialetti sigue siendo uno de los diseñadores italianos más respetados; su icónico invento está expuesto en el MoMa, el Museo de Arte Moderno de Nueva York, y en el Triennale Milano, de Milán. Y, en mi opinión, hace el mejor café del mundo.

2

El inspirador origen de la pantalla del iPhone

El 9 de enero de 2007 Steve Jobs hizo una de las presentaciones más importantes de todos los tiempos: «Hoy vamos a hacer historia. Presentamos tres productos revolucionarios en uno, y lo hemos llamado iPhone».

Una vez finalizada la presentación, Jobs llamó al responsable de Operaciones de Apple. Tras una semana trasteando con el iPhone, había detectado un grave problema. Se había guardado el teléfono en el bolsillo y la pantalla se había rayado, y eso era algo que no podía ocurrir. Necesitaban usar cristal, y no plástico, para evitarlo. Su equipo le contestó que esa tecnología estaría disponible cuatro o cinco años más tarde, a lo que Jobs contestó:

«No sé cómo lo vamos a hacer, pero, cuando se ponga a la venta en junio, la pantalla va a ser de cristal».

Jobs podría haber intentado solucionar el problema por sí mismo utilizando los considerables recursos de Apple; sin embargo, decidió llamar a Wendell Weeks, CEO de Corning Incorporated, para explicarle que necesitaba un cristal para la pantalla del iPhone. Pero Weeks reconoció que el cristal al que Apple se refería aún no existía.

Le contó que en la década de 1960 su compañía había estado trabajando en un compuesto químico llamado Gorilla Glass, increíblemente resistente, pero que este nunca había llegado al mercado, ya que no habían encontrado una aplicación para él. Jobs contestó: «Quiero todo el Gorilla Glass que seáis capaces de fabricar», pero Weeks le aseguró que Corning no lo fabricaba ni tenía la capacidad para hacerlo. Jobs replicó: «No te preocupes. Sí que puedes hacerlo. Hazte a la idea, te ayudaremos».

En menos de seis meses Corning producía cristales para el iPhone que no se habían fabricado jamás. Este se convirtió en uno de sus negocios principales y en 2019 facturó 11.500 millones de dólares.

El día que el iPhone salió a la venta en todo el mundo, Steve Jobs envió una carta al CEO de Corning: «No podríamos haberlo hecho sin vosotros», una misiva que

Weeks conserva enmarcada en un lugar de honor en su despacho.

Cuando pides ayuda de la manera correcta, las personas no piensan en ti, sino en la forma en que tu solicitud muestra implícitamente que los respetas y que confías en ellos. Estás transmitiendo que valoras o admiras sus habilidades, su talento, sus experiencias o los recursos que tanto les ha costado obtener, y esto les brinda la oportunidad de marcar la diferencia, por pequeña que sea, en la vida de otra persona. A juzgar por la carta enmarcada en la pared, el CEO de Corning estaba claramente orgulloso de haber contribuido a representar esa diferencia para Apple.

Jobs, además, empoderó al CEO de Corning para que fuera tan audaz y valeroso como él y se atreviera a enfrentarse a un reto casi imposible. Jobs buscó a un experto en el campo que necesitaba y potenció sus cualidades hasta el límite.

Nunca temas pedir ayuda, es una parte necesaria para alcanzar el éxito.

3

El día en que Henry Ford dobló el salario de sus empleados

En 1913, la Ford Motor Company se encontró con un grave problema: la rotación anual de sus trabajadores, con una cifra del 370 por ciento. Esto provocó que ese año tuvieran que contratar a más de cincuenta mil personas, con todo lo que eso supone. Además, también sufría una tasa de absentismo diario del 10 por ciento, y se debía a las malas condiciones laborales que había en sus fábricas.

Ford estaba a punto de desaparecer, ya que no podía mantener la cadena de producción, que era el motor de su éxito. Así que decidieron tomar una decisión drástica y arriesgada.

El 5 de enero de 1914, Henry Ford convocó una rueda de prensa para anunciar la noticia: reducirían las horas de trabajo diarias de nueve a ocho, se crearían tres turnos diarios en lugar de los dos que había hasta entonces y se doblaría la remuneración diaria de sus trabajadores hasta los cinco dólares.

La noticia corrió como la pólvora y al día siguiente se recibieron casi treinta mil solicitudes de empleo nuevas. En pocas semanas el absentismo se redujo al 2,5 por ciento, la tasa de rotación hasta el 54 por ciento y un año después hasta el 16 por ciento. La productividad aumentó hasta en un 70 por ciento por trabajador, y los beneficios crecieron un 20 por ciento.

Además, los clientes también se beneficiaron de esta política. Entre 1910 y 1919, Henry Ford pudo abaratar el precio del Modelo T de 800 a 350 dólares, lo cual lo aupó como el fabricante número uno de automóviles del mundo y lo convirtió en billonario.

Por si esto fuera poco, el aumento de los salarios mejoró sustancialmente las perspectivas de los trabajadores estadounidenses y contribuyó al nacimiento de la clase media. Gracias a la duplicación del salario, los trabajadores de Ford pudieron comprar los productos que ellos mismos fabricaban, lo que desató una revolución en el consumo, que tuvo una repercusión inmediata en toda la economía de Estados Unidos.

Así que aquello que los periódicos anunciaron como «Un acto magnífico de generosidad» resultó ser una excelente inversión. Henry Ford dijo sobre ello: «Una de las mejores medidas que hemos tomado nunca para reducir costes ha sido duplicar los sueldos».

La mayoría de las empresas tienen previsto pagar más a sus empleados cuando el negocio prospere. Pero piénsalo de nuevo. Quizá la mejor manera de construir un negocio próspero sea enfocarse en encontrar la forma de pagar más a tus empleados hoy, como hizo Henry Ford, y no mañana.

4

James Dyson: el diseñador que se equivocó 5.127 veces

En 1978, un diseñador industrial británico se encontraba frustrado con su aspiradora doméstica. Al desmontarla descubrió que la bolsa que absorbía la suciedad se había obstruido. Cualquier persona simplemente habría cambiado la bolsa, pero un genio como James Dyson pensó: «Tiene que haber una manera mejor», y se propuso encontrarla.

Dio con ella empleando un método que separa las partículas del aire con fuerzas centrífugas, e ideó así un sistema de aspiración que cambiaría la industria para siempre.

Para ello necesitó cinco años, muchos créditos y 5.127 prototipos; en 1983 por fin creaba su primer modelo, el G-Force. Pero se encontró con un problema: todos los fabricantes habían invertido demasiado en el sistema de bolsas, así que nadie quiso fabricar ni comercializar su idea, por lo que acabó fundando su propia empresa, Dyson, para no tener que volver a depender de otros.

En la actualidad tiene registradas 7.500 patentes, produce un aspirador cada doce segundos y se venden en más de sesenta países. En 2017, los 58 productos que fabrica Dyson generaron más de cuatro mil millones de euros en ventas y la empresa invierte más de nueve millones de euros semanales en I+D.

Dyson también decidió apoyar y estimular la innovación tecnológica con su propia universidad, The Dyson Institute of Engineering and Technology, donde los alumnos no pagan, sino que reciben un sueldo, y creó el James Dyson Award, un concurso internacional dirigido a recién licenciados que contribuyen con sus diseños a la resolución de problemas.

El éxito de Dyson no se basa en su genialidad (que también) ni en haber sido tan inteligente como para darse de bruces con un error y crear una solución (que también), sino en su capacidad para considerar que su historial de fracasos forma parte de su camino hacia el éxito.

Dyson siempre cuenta aquella vez en la que Richard Branson le dijo: «Si tu vida es solamente una historia de éxito, será aburrida. Emociona a los demás contándoles tu frustración, tu dolor, tus miedos y tus errores. Comparte las experiencias que te hicieron ser quien eres, pero, sobre todo, comparte las malas».

La historia de Dyson no va sobre aspiradoras, va de cómo inspirar para que nunca dejemos de creer que es posible que haya una forma mejor de hacer las cosas, para que no dejemos de trabajar en las ideas y que nunca dejemos de fracasar, porque cada revés nos acerca un paso más al éxito siguiente.

Dyson considera vital dar a conocer su historia y por eso el relato acerca de sus 5.127 prototipos fallidos aparece en su publicidad, en su web y en una pequeña tarjeta que acompaña a cada producto.

5

Pasteles demasiado fáciles.
El efecto IKEA

En la década de 1920, la empresa de alimentación estadounidense General Mills lanzó al mercado la marca Betty Crocker, un preparado instantáneo para hacer pasteles, pero el producto no alcanzó las ventas esperadas, porque los clientes consideraron que las recetas eran excesivamente sencillas. La solución fue «complicar» la elaboración para ponérselo más difícil. Y entonces Betty Crocker se convirtió en todo un éxito.

El producto original de General Mills era tan sencillo que no había más que agregar agua al preparado, mezclarlo bien y hornearlo durante treinta minutos. Pero había algo que no cuadraba, pues según los cálculos iniciales las ventas deberían ser mucho mayores. Así que decidieron contratar al psicólogo Ernest Dichter, considerado el padre de la investigación motivacional, para que estudiara el caso.

Dichter se dedicaba a investigar la motivación que se oculta tras la decisión de compra; para ello hacía concienzudas entrevistas a pequeños grupos de estudio, siguiendo un método que hoy conocemos con el nombre de *focus group*.

Tras estudiar el problema de General Mills, Dichter se dio cuenta de que preparar un pastel con esta mezcla era demasiado sencillo, tanto que las personas no sentían la satisfacción de haber horneado realmente un pastel. Su simpleza hacía que pensaran que no se habían esforzado, porque la mezcla instantánea transformaba todo el proceso en algo demasiado fácil, subestimando el trabajo y la habilidad del cliente. Por eso el producto no les gustaba.

Dichter recomendó a la marca que añadiera algún tipo de dificultad al procedimiento, de manera que las personas que preparaban el pastel sintieran que su intervención era fundamental para elaborar los pasteles, con lo que conseguirían que se sintieran útiles. La solución que propuso fue simplemente brillante: eliminar los huevos en polvo de la mezcla, con el objetivo de que los clientes tuvieran que agregar ellos mismos los huevos frescos.

Lo que Dichter descubrió fue el vínculo que se crea al permitir que el consumidor desarrolle parte del producto. El esfuerzo que se pone en construirlo se convierte en «afecto» por el producto; por eso las personas tienden a dar más valor a los objetos que ellos mismos han creado y por eso este efecto también se conoce como «efecto IKEA».

Para ello la tarea tiene que ser lo suficientemente sencilla como para que esa pequeña complicación no genere estrés, como añadir huevos o montar un mueble con instrucciones precisas, pero debe hacer que la percepción de resultados del cliente sea muy alta, como obtener un pastel o contar con una estantería nueva.

Por cierto, Betty Crocker se convirtió en un éxito de ventas y hoy en día más de sesenta millones de consumidores estadounidenses siguen utilizando sus mezclas instantáneas para preparar sus pasteles caseros.

6

Las gafas que viralizó un general de la Segunda Guerra Mundial

En 1933 la Fuerza Aérea de Estados Unidos encargó a una compañía de New Jersey, Bausch & Lomb, la creación de unas gafas de sol que protegieran a sus pilotos del resplandor de los rayos solares a grandes alturas. Así nacieron la marca de gafas Ray-Ban (del inglés *ray banner*, que significa 'barrera contra los rayos') y su modelo Aviator. El primer par se fabricó en 1936, pero salió a la venta en 1937. Estas gafas estaban polarizadas y contaban con unas lentes de color verde oscuro para sustituir a las gafas protectoras que usaban los pilotos de aviación y otros miembros de las fuerzas armadas.

En poco tiempo se convirtieron en un elemento más del uniforme de la Fuerza Aérea estadounidense durante la Segunda Guerra Mundial, pero, como todo producto convertido en icónico, fue precisa la aparición de una *celebrity* que las popularizase, ya que hasta entonces eran unas gafas de estricto uso militar, desconocidas para el público civil.

Hoy en día hablaríamos de *bloggers* o *influencers* de Instagram o TikTok, esas personas que inspiran y que crean modas en todo el planeta, pero estábamos en plena guerra mundial y en aquella época la influencia la solían ejercer actores y militares. Y, en efecto, fue uno de estos, concretamente el general Douglas MacArthur, quien convirtió aquellas gafas militares en mundialmente famosas.

Durante la invasión japonesa de Filipinas en 1941, los ejércitos estadounidense y filipino se habían visto forzados a retirarse. Ante esta situación desesperada, se ordenó a MacArthur que cediera el terreno y se rindiera. Habían perdido Filipinas. El general, descorazonado por la decisión, dijo públicamente: «Volveré».

El 20 de octubre de 1944, MacArthur cumplía su promesa. Los estadounidenses desembarcaban en Leyte y comenzaba la liberación de las Filipinas, que acabaría el 15 de agosto de 1945 con la rendición incondicional de Japón.

Aquel día en que MacArthur volvió a Filipinas, llevaba puestas unas Ray-Ban Aviator junto a su habitual gorra militar y su pipa de maíz hecha a medida. Las imágenes de aquel histórico desembarco dieron la vuelta al mundo y convirtieron las Aviator en las gafas que todos querían tener.

Muchos años después, en la década de 1980, una película protagonizada por un joven y exitoso actor volvería a dar a las Aviator un nuevo empujón de fama mundial. Aquella película se llamaba *Top Gun*, y el actor al que le sentaban tan maravillosamente bien las gafas era Tom Cruise.

7

El primer cajero automático
de la historia

Un sábado de 1965 un británico que vivía en el campo viajó a Londres para retirar dinero en la filial de su banco. Llegó un minuto tarde y se lo encontró cerrado; no podría acceder a su dinero hasta el día siguiente. Se prometió a sí mismo que jamás volvería a ocurrirle lo mismo. Su cabreo dio origen a una de las grandes innovaciones de la humanidad: el cajero automático.

Aquel día, John Shepherd-Barron, enfadado y frustrado, regresó a su casa. Por la noche, mientras se daba un baño, comenzó a pensar en el asunto y en cómo podría hacer que el dinero de los bancos fuera accesible para los usuarios a cualquier hora y cualquier día. Era su dinero, así que deberían poder disponer de él cuando quisieran.

Y entonces se le encendió la bombilla. Hacía tiempo que ya existían las máquinas expendedoras de chocolatinas, en las que se insertaban unas monedas, se tiraba de una palanca y se obtenía el producto, así que se le ocurrió la idea de crear un aparato que permitiese a los bancos expedir dinero en vez de dulces.

Los clientes introducirían un cheque y la máquina les devolvería el dinero en efectivo por su valor. Para que la máquina pudiese autentificar que los cheques que se le insertaban eran auténticos, estos se impregnaron con carbono-14.

Antes de introducir el cheque, el cliente tenía que identificarse con una contraseña. John pensó que lo ideal sería una clave de seis cifras, ya que eran los dígitos de su registro militar, pero le preguntó a su esposa cuál era el número máximo de dígitos que creía que podría recordar sin problemas, y ella le dijo que le costaba recordar seis números, por lo que lo dejó en cuatro. Así nacía el PIN (Personal Identification Number) o clave personal de cuatro dígitos, que acabaría convirtiéndose en un estándar hasta la actualidad.

Su invento tenía una limitación, ya que solo dejaba sacar dinero con los cheques previamente concedidos por el banco, los cuales solo permitían disponer de un máximo de 10 libras. Si se necesitaban 30 libras, era preciso llevar a cabo tres operaciones.

A pesar de estos inconvenientes, el invento fue un éxito, y el primer cajero automático creado por John Shepherd-Barron, instalado el 27 de junio de 1967 en una sucursal de Barclays en Enfield, a las afueras de Londres, se convirtió en un lugar de visita obligada.

Su limitación la solventaría solo un año después el escocés James Goodfellow, que mejoró la máquina con la posibilidad de utilizar tarjetas bancarias en vez de cheques y convirtió el cajero automático en una de las grandes innovaciones de la historia de la humanidad.

8

El origen del Día del Orgullo Gay

La madrugada del 28 de junio de 1969 se llevaba a cabo una redada policial en el pub Stonewall Inn, propiedad de la mafia, ubicado en el barrio neoyorquino de Greenwich Village. El pub, que aquella noche estaba atestado de gente, era popular entre las personas más marginadas de la comunidad: transexuales, drag queens, gais, prostitutas…

Aunque las redadas en los bares frecuentados por homosexuales eran rutinarias durante la década de 1960, ese día en el Stonewall Inn los agentes de policía perdieron el control y provocaron que una muchedumbre se rebelase y los atacase.

En aquel momento las relaciones sexuales consentidas entre hombres o entre mujeres eran ilegales en todo Estados Unidos, excepto en Illinois. Además, las personas homosexuales no podían trabajar para el Gobierno Federal o el ejército. De hecho, que declararan públicamente su sexualidad implicaba que se les negara la licencia para ejercer muchas profesiones, como el derecho o la medicina. Los clientes del Stonewall Inn lo consideraban un santuario, un lugar único en el que podían expresarse y mostrarse afecto sin miedo a represalias; por ello, la actuación policial de esa noche provocó, tras años de gestación, que la furia saliera a la luz.

La tensión y los enfrentamientos entre la policía de Nueva York y los residentes gais de Greenwich Village derivó en protestas y disturbios durante varios días, y provocó que los manifestantes se organizaran en grupos para establecer lugares en los que todos pudieran manifestar abiertamente su orientación sexual sin miedo a que los arrestaran.

A los seis meses se habían creado dos organizaciones de activistas gais en Nueva York y se fundaron tres periódicos para promover sus derechos. En pocos años se constituirían organizaciones de derechos homosexuales a lo largo de todo Estados Unidos y en todo el mundo.

El 28 de junio de 1970 tuvieron lugar las primeras marchas del orgullo gay en las ciudades de Nueva York y Los Ángeles, para conmemorar el aniversario de los disturbios, y poco tiempo después otras más se sumaron a la organización de marchas similares.

Los sucesos de la madrugada del 28 de junio de 1969 no fueron el primer enfrentamiento de los homosexuales con la policía, ni en Nueva York ni en otros lugares. Lo relevante de ese día no fueron los disturbios de Stonewall, sino su conmemoración, que acabaría convirtiéndose en un evento anual que conocemos como el Día Internacional del Orgullo LGTBIQ+.

En junio de 1999, el bar Stonewall Inn se incluyó en el Registro Nacional de Lugares Históricos de Estados Unidos por su importancia en la historia para el colectivo LGTBIQ+. El 24 de junio de 2016, el presidente Barack Obama declaró el Stonewall Inn Monumento Nacional.

9

La periodista que dio la vuelta al mundo en 72 días

El 30 de enero de 1873 se publicaba *La vuelta al mundo en ochenta días*, novela de Julio Verne que desataba la fiebre por descubrir si alguien sería capaz de lograr aquella extraordinaria proeza en el mundo real. Y alguien lo hizo, pero no por una apuesta. Fue una valiente periodista a la que además le sobraron ocho días: Nellie Bly.

En 1885, el *Pittsburg Dispatch* recibió una atrevida carta anónima en respuesta a un artículo del periódico en el que se afirmaba que el deber de las mujeres era ocuparse de la familia y que el trabajo femenino era una aberración. El redactor jefe, impresionado por el texto que daba la réplica, publicó un anuncio en el que pedía a su autora que se presentara en el periódico para contratarla.

Con veintiún años, Elizabeth Mary Jane Cochran consiguió su primer trabajo como periodista y escogió un seudónimo: Nellie Bly. Al cabo de dos años se cansó de la sección femenina y tomó una de las más drásticas decisiones: marcharse a México como corresponsal, donde escribiría sobre la vida de los mexicanos, la corrupción y la explotación que sufrían los campesinos y los obreros. En poco tiempo se vio obligada a huir precipitadamente del país, perseguida por las autoridades mexicanas.

Llegó a Nueva York, donde Joseph Pulitzer le encargó una peligrosa misión: introducirse en un manicomio de la ciudad, haciéndose pasar por loca para escribir un reportaje sobre lo que allí ocurría. La mayoría de los pacientes de los psiquiátricos no estaban locos, sino que ingresaban en esas instituciones por falta de recursos. Era muy fácil entrar, pero, una vez dentro, resultaba imposible salir.

Tras varios días en el manicomio, Nellie recibió la visita del abogado de Pulitzer y recuperó la libertad. Días después publicó su artículo, que tuvo tal repercusión que la alzó a la categoría de estrella de la prensa; gracias a él consiguió que se destinara un millón de dólares a la mejora de las condiciones de vida de los manicomios estadounidenses.

Pero lo que la convirtió en una celebridad fue su vuelta al mundo, siguiendo los pasos de Phileas Fogg en la ficción. En 1889 propuso al *New York World* emular a los personajes de Verne. Y el periódico aceptó su propuesta.

El 14 noviembre de 1889 partió desde New Jersey rumbo a Inglaterra. Su peripecia, bien publicitada, llamó la atención del mundo e incluso de Julio Verne, que la invitó a visitarlo en su casa de Amiens.

A bordo de barcos, trenes y globos, Nellie realizó un periplo que la llevó a Londres, Suez, Hong Kong, Yokohama o San Francisco, antes de regresar a Nueva York en un viaje de 72 días, ocho menos que los que había empleado en la ficción el millonario protagonista.

Su viaje impactó tanto al mundo que le dedicaron canciones; Bly se convirtió en un estupendo reclamo publicitario y desde entonces se la consideró un mito del periodismo y del feminismo mundial.

10

El invento que cambió el mundo del comercio: el contenedor marítimo

Malcolm McLean era un jovencito estadounidense que comenzó a trabajar en una gasolinera de su pueblo hasta que ahorró lo suficiente para comprar, en 1934, un viejo camión de segunda mano, con el que empezó a prestar servicios de transporte para las empresas de la zona.

Poco a poco el negocio fue creciendo, hasta que en 1955 se convirtió en la segunda mayor compañía del sector en Estados Unidos, con una flota de más de 1.700 camiones, 32 delegaciones por todo el país. Incluso llegó a cotizar en la bolsa de Wall Street.

McLean era consciente de lo ineficiente que resultaba el transporte marítimo. Las mercancías se transportaban sueltas a bordo de cargueros, por lo que el proceso de descargar los camiones y estibar los productos para volver a descargarlos en los puertos de destino era un trabajo manual y muy lento.

En ocasiones, se podía tardar incluso varias semanas en cargar o descargar, dependiendo de la naturaleza y el volumen de los objetos que se transportaran. Todo esto contribuía a aumentar considerablemente los costes del flete.

Un día, mientras McLean contemplaba en el puerto de New Jersey aquel proceso tan ineficiente, pensó: «¿Y si mi camión pudiera subirse con toda su carga a bordo del buque de una sola vez?». Lo que se le ocurrió cambiaría para siempre la historia de la humanidad: desmontar la caja de los camiones y cargar solo esa parte en los barcos, por lo que hizo construir unas cajas metálicas con las mismas dimensiones de sus tráileres.

Había nacido el contenedor.

Pero nadie quería transportar esas enormes cajas. Las navieras pensaron que era una locura, así que, para poder poner en práctica su idea, decidió comprar la naviera Pan-Atlantic Steamship Company y la renombró como SeaLand.

El primer envío mundial que llevó a cabo tuvo lugar en abril de 1956. En ese viaje se trasladaron 58 contenedores desde Newark hasta Houston a bordo de un viejo petrolero de la Segunda Guerra Mundial al que instaló una cubierta para transportarlos.

McLean no solo logró acortar los tiempos, sino que el transporte de mercancías pasó de hacerse de «puerto a puerto» a de «puerta a puerta», reduciendo las tripulaciones, las estancias en los puertos y los costes en un 25 por ciento.

En 1967 ganó un contrato para transportar las ingentes cantidades de material militar que se necesitaban en Vietnam y pensó que, en lugar de traer los contenedores vacíos, podían hacer escala en Japón para llevar productos a Estados Unidos, lo que abrió nuevas vías al comercio con Asia.

A pesar de que el invento de este visionario cambió la historia, la trascendencia de McLean ha sido poco reconocida y falleció en el 2001 prácticamente en el anonimato.

11

La mujer que creó a Vincent van Gogh: su cuñada Johanna

Johanna se casó con Theo, hermano de Vincent van Gogh, en 1889. La pareja tuvo un hijo que nació, exactamente, a los nueve meses del matrimonio, pero para aquel entonces el marido ya estaba gravemente enfermo a causa de la sífilis y falleció un año más tarde.

Su cuñado, Vincent, se había suicidado seis meses antes, así que Johanna, con veintiocho años, se quedó viuda, con un hijo, un piso en París y cuatrocientos lienzos de un pintor al que nadie conocía y que solo había vendido tres cuadros en vida a tres amigos.

Johanna pensó en cómo iba a salir adelante y decidió que abriría una casa de huéspedes, por lo que vendió su piso de París y regresó a Holanda.

Tras un año de duro trabajo, el negocio ya estaba en marcha y pensó que podría darles alguna utilidad a los cuadros de su cuñado: los colgaría por todas las paredes de su hospedería. Por las noches comenzó a leer la correspondencia que habían intercambiado durante años los hermanos Van Gogh, y que también había recibido en herencia; daba inicio el que sería el proyecto de su vida.

Tras leer todas las cartas, se maravilló con las profundas reflexiones de Vincent sobre su arte, su técnica y cada una de las pinceladas que daban forma a su obra, y consiguió entender la complejidad de un artista torturado por los vaivenes de una mente inestable, pero cuya genialidad todavía estaba por revelar.

Decidió que dedicaría su vida a dar a conocer al mundo a Vincent van Gogh.

Entonces retomó los contactos que había hecho en París y empezó a enviar cartas y cartas a las galerías de arte, hasta que por fin, en 1892, consiguió su primera exposición, tras la que llegarían muchas más.

Johanna no actuaba sin criterio, sino que trazó una estrategia para que los cuadros fueran adquiriendo valor, sin traicionar la voluntad de Vincent, que soñaba con hacer un arte popular y al alcance de todos.

Finalmente, en 1905, organizó una gran exposición

que tuvo una gran repercusión en toda Europa y que atrajo el interés de grandes fortunas e importantes museos. La leyenda del pintor incomprendido había comenzado, y todo gracias a su cuñada, Johanna, la mujer que hizo posible a Van Gogh.

12

El experimento que demostró que la esperanza no es lo último que se pierde, sino lo primero

«No te preocupes, la esperanza es lo último que se pierde». ¿Cuántas veces hemos recurrido a esta frase para animar a alguien que pasa por un mal momento? Seguramente todos nos hemos aferrado a ese dicho para convencernos de que, excepto la muerte, todo tiene solución. ¿O no? En la década de 1950, un científico de la Universidad de Harvard demostró lo contrario.

Junto a su equipo de trabajo, el eminente biólogo, psicobiólogo y genetista Curt Richter quiso comprobar la supervivencia de ratas en un tubo cilíndrico de agua observándolas mientras se ahogaban. El artículo se publicó en la revista *Psychosomatic Medicine* en el año

1957; recogía la intención de Richter de observar la reacción de los roedores en situaciones de estrés.

De media, las ratas dejaban de resistirse tras unos quince minutos y luego se ahogaban, pero Richter quiso darle un giro a su experimento y decidió que, justo antes de que murieran de cansancio, los investigadores las sacarían de los tubos, las secarían y dejarían que descansaran durante unos minutos para volver a introducirlas de nuevo en los tubos y que el proceso comenzara de nuevo.

Pasaron de resistir quince minutos a sesenta horas.

Los resultados demostraron que salvar a las ratas justo antes de que se ahogaran hacía que nadaran 240 veces más cuando se las volvía a poner dentro del tubo.

Pero ¿por qué ocurría este milagro? Porque los roedores creían que iban a rescatarlos de nuevo, así que le exigían a su cuerpo más de lo que en una primera ocasión pensaron que era el máximo. La esperanza de que algo o alguien los salvaría los mantenía con la fuerza necesaria para aguantar un tiempo que previamente se consideraba imposible.

Las ratas a las que se sometía a un breve descanso nadaban mucho más al saber que no estaban condenadas, que la situación no estaba perdida, que era posible que una mano amiga las salvara; luchaban por vivir. Tras eliminar la desesperanza, las ratas no morían.

Las lecciones del cruel experimento siguen vivas en la psicología y se utilizaron durante muchos años en los laboratorios encargados de fabricar medicamentos antidepresivos.

Si la esperanza puede hacer que las ratas agotadas naden mucho más tiempo del que físicamente podrían hacerlo, ¿qué podría hacer por ti una mayor convicción acerca de ti mismo y de tus habilidades?

No se trata de tener esperanza en que algo o alguien vaya a ayudarnos, sino en tener esperanza y confianza en nosotros mismos, en desechar la desesperanza y ser conscientes de que podemos salir adelante, con ayuda o sin ella.

13

Clair Patterson: el héroe que consiguió prohibir la gasolina con plomo y salvó millones de vidas

Desde el comienzo del siglo xx se había empezado a emplear para la datación de minerales el método de uranio-plomo: se basaba en la certeza de que a lo largo del tiempo el uranio pierde radiación para producir plomo, por lo que la proporción entre ambos se usaba para medir la edad de las rocas.

Con esto en mente, el profesor de la Universidad de Chicago Harrison Brown tuvo una idea: calcular con precisión la edad del propio planeta Tierra, pero para ello necesitaba a alguien que lo ayudara, un joven químico llamado Clair Cameron Patterson.

Para poder hacer su cálculo, decidieron medir la proporción uranio-plomo de los meteoritos, pues dedujeron que estos cuerpos del sistema solar tendrían, aproximadamente, la misma antigüedad que nuestro planeta.

Sin embargo, los niveles de plomo medidos por Patterson se salían de la escala. «Me di cuenta de que había plomo que venía de aquí, plomo que venía de allá, había plomo en todo lo que estaba usando». Sus muestras estaban contaminadas y sabía quién era la culpable: la gasolina.

A pesar de que la toxicidad del plomo era ampliamente conocida, General Motors propuso, en la década de 1920, enriquecer la gasolina con plomo para obtener más potencia de los vehículos. Como pocas cosas hay que no puedan conseguirse a golpe de influencias y dinero, lograron convertir la gasolina con plomo en un estándar.

Patterson comenzó a recorrer todo el planeta para recoger muestras de las aguas superficiales, de las profundas, del sedimento marino, de las nieves de las cumbres, de los hielos árticos y antárticos, e incluso de momias, y su estudio concluyó que el planeta era una gran bola de plomo. Su concentración en la atmósfera era mil veces superior a lo esperado y en el cuerpo humano superaba seiscientas veces el valor normal.

A pesar de los datos, se ignoró a Patterson y se le

ridiculizó durante años, hasta que, en 1976, la Agencia de Protección Ambiental de Estados Unidos comenzó a reducir el plomo en la gasolina.

Pero, aun así, no sería hasta los años ochenta cuando el trabajo de Patterson por fin se aceptaría y su figura se reconocería. En 1986 comenzó el fin de la gasolina con plomo, que desapareció de las gasolineras el 31 de diciembre de 1995, una acción que salvaría millones de vidas.

Patterson también logró su propósito original, calcular la edad de la Tierra: 4.550 millones de años.

14

La epidemia de la que nació un genio que cambió la ciencia para siempre: Isaac Newton

Corría el año 1665 y una plaga de peste negra se propagaba por Londres. La gente moría en las calles y hasta el rey Carlos II abandonó la capital a su suerte y se confinó junto con su familia y la corte en Oxford.

Isaac Newton tenía veintitrés años y estaba terminando sus estudios en el Trinity College de Cambridge, pero sus clases terminaron de repente cuando el centro decidió cerrar debido a la enfermedad que se propagaba sin control por todo el país.

El joven Newton, asustado, decidió someterse a una cuarentena voluntaria en la granja de su familia, en Lincolnshire, y leer y estudiar mientras durara la plaga. Allí se mantuvo, alejado de la gente, durante casi dos años.

¿Y a qué se dedicó Isaac Newton durante su confinamiento? Alejado de los profesores y de las bibliotecas, las únicas fuentes de conocimiento en la época, se puso a trabajar con lo que tenía y reflexionó sobre los problemas del mundo que atraían su atención.

Aquel confinamiento inducido por la peste fue el periodo más productivo intelectualmente de su vida y daría lugar a una de las mayores aportaciones científicas de la historia de la humanidad. Aquellos dos años fueron tan provechosos que hoy sus biógrafos los denominan «los años de las maravillas».

Mientras la peste hacía estragos (en un periodo de dieciocho meses la Gran Plaga de Londres se cobraría más de cien mil vidas, un cuarto de la población de la ciudad), Newton definió la ley de la gravitación universal, formuló las leyes sobre óptica y trabajó en ecuaciones matemáticas que años después definirían el cálculo matemático.

Mientras aquel jovencito de tan solo veintitrés años estaba confinado, sentó las bases de la ciencia moderna y enseñó al mundo y a las generaciones futuras una nueva forma de pensar y de interpretar el mundo.

El famoso poeta inglés Alexander Pope dijo sobre

él: «La naturaleza y las leyes de la naturaleza yacían escondidas en la noche. Dios dijo: "¡Hágase Newton!". Y con él todo fue luz».

Sir Isaac Newton falleció en 1727, a la edad de ochenta y cuatro años, y lo enterraron con honores en la Abadía de Westminster, donde hoy reposa.

15

Paul Ehrlich: el padre de la quimioterapia que falló 605 veces antes de acertar

Paul Ehrlich era un doctor alemán que un buen día tuvo una visión. Años atrás había observado un tejido humano manchado con tinte azul y se dio cuenta de que no todas las células del tejido se teñían por igual. Algunas se volvían azul oscuro, otras azul claro, otras no se teñían… Eso lo llevó a pensar que, si algunas células absorbían más tinte que otras, quizá sería posible elaborar un veneno que atacara a algunas células más que a otras.

Si puedes manchar una enfermedad, puedes envenenarla. Si la puedes envenenar, puedes erradicarla del cuerpo. Aquella idea podría ser una fórmula milagrosa para atacar a las células de una enfermedad sin que las células sanas se vean afectadas.

Este concepto supuso el principio de la medicina moderna, de los antibióticos y de la quimioterapia.

A principios del siglo xx, la sífilis era un mal terrible, muy contagioso y sin cura. Ehrlich ya había ganado el Nobel y comenzó a pensar en cómo curar esta infección, en cómo crear algo que, dentro del cuerpo, acabara con la bacteria que causa la enfermedad, y solo con ella.

Fue produciendo compuesto tras compuesto, cientos de ellos, y probándolos. Y tras 605 «aprendizajes», no fracasos, el compuesto número 606 funcionó. Centenares de ratones a los que había infectado con sífilis comenzaron a mejorar.

La arsfenamina, que era aquel compuesto número 606, salió al mercado con el nombre de Salvarsán, que viene de «arsénico que salva», que se convirtió en la primera medicina producida *ex profeso* contra una enfermedad, la primera droga de la historia diseñada para curar una enfermedad.

Ehrlich no solo creó una nueva manera de hacer medicina y farmacología, sino que inventó la quimioterapia bacteriana, la terapia contra las enfermedades basada en la química.

16

Florence Nightingale: la Dama de la Lámpara que creó la enfermería moderna

Florence nacía el 12 de mayo de 1820 en Florencia, Italia, en el seno de una familia británica acomodada. Con diecisiete años anunció a su familia su decisión de dedicarse a la enfermería, a lo que se opusieron tajantemente, ya que, en aquella época, la profesión de enfermera estaba asociada a mujeres de la clase trabajadora o de la clase baja, nada que ver con la culta Florence, destinada a casarse con un buen hombre.

Pero ella quería ayudar a los demás mitigando su dolor, así que siguió adelante y se formó como enfermera. Desde el primer momento destacó por imponer normas tan simples como la higiene y la limpieza en los hospitales, lavar a los pacientes, cambiar las sábanas o preparar comidas sanas para los enfermos.

Durante la guerra de Crimea, las enfermedades diezmaban al ejército británico. El 80 por ciento de los muertos fallecían víctimas de los deficientes tratamientos sanitarios, así que las autoridades decidieron enviar a Florence para ver si podía ayudarlos.

El 21 de octubre de 1854, Florence y un equipo de 38 enfermeras voluntarias, la mayoría inexpertas y entrenadas personalmente por ella, partieron hacia el frente, donde se encontraron con un panorama desolador. Pero en poco tiempo su gestión redujo el índice de mortalidad del 42 al 2 por ciento.

La apodaron «la Dama de la Lámpara» porque por las noches recorría las salas de los hospitales con una lámpara y reconfortaba a los enfermos hablando con ellos, escribiendo cartas a sus familias o acompañando en el dolor y la soledad a los soldados heridos.

«Una luz mortecina vacila en las tinieblas de la sala del hospital. Proviene de la linterna que una mujer joven lleva consigo para visitar a los enfermos. La muchacha se inclina junto a un hombre moribundo, le acaricia la frente y le dirige unas últimas y reconfortantes palabras. En plena noche, los heridos esperan que pase, la llaman, quieren que les proporcione seguridad, que los asista, que les muestre un rostro humano y compasivo».

En 1856, con la guerra ya terminada, Florence solicitó audiencia a la reina Victoria, a la que convenció de la necesidad de poner en marcha reformas higiénicas drásticas en los centros hospitalarios, que ayudaron a reducir la mortalidad en todo el Imperio británico.

En 1883 la reina le otorgó la Real Cruz Roja, y en 1907 el rey Eduardo VII la Orden del Mérito, la primera vez que se le concedía a una mujer. En 1908 se le entregaron las llaves de la ciudad de Londres y en 1910 falleció mientras dormía.

El juramento Nightingale, efectuado por los enfermeros al graduarse, se creó en su honor en 1893. El Día Internacional de la Enfermería se celebra en la fecha de su cumpleaños, el 12 de mayo.

Su trabajo fue la fuente de inspiración de Henri Dunant, fundador de la Cruz Roja e impulsor de la convención de Ginebra.

17

Alfred Nobel: el «mercader de la muerte» que creó los premios más prestigiosos de todos los tiempos

«El mercader de la muerte ha muerto. El doctor Alfred Nobel, quien se enriqueció encontrando maneras de matar a más gente más rápido, murió ayer». Así se anunciaba en 1888, en un diario francés, el fallecimiento de Alfred Nobel.

Pero se trataba de un error. Quien había fallecido era Ludwig Nobel, su hermano.

Alfred Nobel era un químico y empresario que había dedicado gran parte de su vida al estudio de la nitroglicerina. Creía que tenía que haber alguna manera de conseguir el uso «seguro» de este producto, un explosivo altamente inestable.

Al final, logró inventar la dinamita, un explosivo plástico que redujo significativamente el riesgo de accidentes en su empleo y manipulación.

Su invento supuso una revolución en la industria, la minería, las infraestructuras, y con él contribuyó al desarrollo de la humanidad, pero, como sabemos, también se empleó ampliamente con fines bélicos y terroristas, una aplicación que Nobel jamás había imaginado.

Esta aplicación inesperada y el episodio de aquel diario francés, en el que lo llamaban «mercader de la muerte», hizo reflexionar a Alfred, que se había enriquecido con cientos de patentes relacionadas con los explosivos, sobre cómo lo recordaría la historia cuando falleciera.

Así que mediante un acto de generosidad decidió cambiar el recuerdo que el mundo tendría de él, para intentar reparar, en parte, todo el daño que indirectamente había causado. Para ello preparó un testamento en el que legaba su fortuna a la creación de unos premios con los que se reconocería la labor de las personas más brillantes en las diferentes disciplinas de la Ciencia y las Humanidades.

Alfred Nobel murió en 1896, pero, a pesar de que su familia se opuso al establecimiento de estos premios, en junio del año 1900 se creó la Fundación Nobel. Un año después se entregaba el primer Premio Nobel.

Quizá se trató de la cortina de humo de un millonario para mejorar su imagen, pero los Premios Nobel se convirtieron en los galardones más prestigiosos del mundo.

Así fue como, gracias a la desafortunada equivocación de un periódico francés, el apellido del «mercader de la muerte» pasó a significar honor y éxito, precisamente lo que Alfred Nobel pretendía.

18

El alquimista armenio que buscaba la piedra filosofal y que cambió la historia de la música

Desde el inicio de los tiempos, el ser humano ha buscado la manera de convertir cualquier metal en oro gracias a la legendaria piedra filosofal, una sustancia alquímica de la cual se dice que no solo es capaz de transmutar los metales básicos en oro, sino que también se creía que era un elixir para lograr la inmortalidad.

Entre todos los alquimistas que a lo largo de la historia intentaron hallar una respuesta a sus preguntas, se encontraba un armenio que, en 1618, buscaba en Constantinopla una manera de convertir la escoria en oro. Por accidente, creó una aleación de estaño, cobre y plata, con extraordinarias cualidades musicales y que producía un sonido claro y sostenido. Había nacido el platillo.

La nueva aleación de Avedis, nombre de este alquimista, agradó al sultán del Imperio otomano, quien encomendó al artesano la misión de producir instrumentos con su aleación secreta para la llamada a la oración, los festivales religiosos y para el ejército otomano.

El sultán, en recompensa por sus servicios, le dio a Avedis ochenta piezas de oro y un nuevo nombre para su familia: Zildjian, que significa 'hijo del fabricante de platillos'.

Durante años se temió a los ejércitos otomanos, entre otras cosas, por el extraordinario sonido que producían los platillos fabricados para la batalla por Zildjian. Cuando sus enemigos oían el tintineo ya era demasiado tarde: los otomanos estaban demasiado cerca.

En 1623, Zildjian obtuvo el permiso del sultán para vivir fuera de palacio y vender sus servicios a otros clientes. La familia se instaló en el barrio costero de Samatya, donde el metal salía en caravanas de camellos y burros, y dio comienzo una industria que mantuvo en secreto durante generaciones los detalles del producto. La receta del proceso de fabricación se convirtió en una tradición familiar que solo los hijos mayores del mandatario de la compañía podrían conocer.

La historia de la Avedis Zildjian Company forma parte de la historia de la música occidental, un recorrido increíble de más de cuatro siglos, lleno de intrigas y brillante innovación, y que contiene en su corazón un misterio alquímico y una receta secreta que aún hoy la familia Zildjian se ocupa de proteger, la decimocuarta generación desde Avedis.

19

Los científicos que hicieron al mundo su mejor regalo: la patente de la insulina

Uno de los momentos más increíbles y maravillosos de la historia de la medicina se produjo cuando se inyectó insulina a varios niños que estaban en coma, muriéndose por diabetes, en un sanatorio de Estados Unidos. Cuando estaban administrándole la inyección al último niño del grupo, el primero al que habían tratado comenzó a despertar, y así uno a uno fueron haciéndolo todos.

Aquel instante se considera uno de los momentos más mágicos y extraordinarios de la ciencia de la medicina.

Hasta la «invención» de la insulina, tener diabetes era sinónimo de sufrir una muerte lenta y dolorosa, ya que no existía cura ni tratamiento alguno para esa enfermedad. Fue en la década de 1920, momento en que apareció en escena el doctor Frederick Banting.

Banting tenía que pronunciar una charla sobre el páncreas en la Universidad de Toronto, donde impartía clase. Estaba leyendo artículos sobre el tema para preparar la charla y se fijó en una teoría que sugería que la diabetes se debía a la falta de una hormona segregada en el páncreas, a la que se conocía como insulina. Así que en 1921 pidió un permiso a la universidad y se puso a investigar el asunto.

El 11 de enero de 1922 administraba la primera inyección de insulina a un ser humano, en el Toronto General Hospital, en Canadá, y el paciente, un niño de catorce años, Leonard Thompson, salvó la vida.

Tan solo un año después, Frederick Banting y su colega John Macleod recibían el Premio Nobel de Medicina. Además, Banting recibió una carta del primer ministro canadiense en la que le notificaba que el Gobierno de Canadá le otorgaba una pensión vitalicia y lo convocaba a una audiencia en el Palacio de Buckingham con el rey Jorge V, en la que lo nombraron caballero.

Las grandes farmacéuticas ofrecieron a Banting escandalosas sumas de dinero por la patente de su descubrimiento; sin embargo, cedió todos los derechos al Gobierno canadiense y a la Universidad de Toronto por tan solo un dólar.

Ese gesto tan altruista hizo que la fabricación de insulina se acelerara y facilitó un acceso rápido al tratamiento de los pacientes con diabetes.

Banting creía que la insulina era un regalo a la humanidad que tenía que estar disponible para quien la necesitase y que bajo ningún concepto debía ser una mercancía para beneficio de los ricos y poderosos. Decía que la insulina no era una cura, sino un salvavidas para millones de personas.

Gracias a él y su altruismo, millones de personas pueden no solo sobrevivir a esta enfermedad, sino vivir una vida plena con ella.

20

Nicholas Winton: el hombre que salvó de los nazis a casi setecientos niños

Nicholas Winton era un corredor de bolsa británico que en diciembre de 1938 decidió que iba a ir unos días a esquiar a Suiza. Pero, justo antes de partir, recibió una llamada telefónica de un amigo que le pedía que cancelara todos sus planes para dirigirse a Praga, y que no llevara los esquís.

Su amigo quería saber si podía echarle una mano en los campos de refugiados de la zona, donde miles de personas, muchos de ellos niños judíos, malvivían.

Montó una oficina improvisada en la habitación de su hotel y comenzó a elaborar un plan para sacar del país a tantos niños como fuera posible, para llevarlos a otras naciones y salvarles la vida antes de que los nazis invadieran Checoslovaquia.

Recibió cientos de solicitudes y regresó a Londres con los nombres de aquellos niños, y allí comenzó una campaña para recaudar dinero y reclutar familias de acogida.

En pocas semanas, centenares de familias aceptaron acoger a los niños y aportaron el dinero necesario para iniciar los transportes desde Checoslovaquia hasta Londres, que comenzaron el 14 de marzo de 1939. En los meses siguientes se organizaron otros siete transportes que llevaron a las islas británicas a 669 niños.

Sin embargo, Winton decidió mantener en secreto su proeza, hasta que por casualidad su esposa descubrió en el ático un maletín que contenía listas con los nombres de los niños, así como cartas de sus padres. Ella conocía la historia, pero aquel descubrimiento fortuito provocó que decidiera hacerlo público.

En 1988, en un programa de la BBC, quisieron darle a Winton una sorpresa, por lo que lo invitaron, junto a cientos de personas, a que asistiera como público. No le dijeron cuál era el tema del programa ni quiénes eran los asistentes: algunos de aquellos 669 niños a los que había ayudado a salvar de la muerte.

No ganó el Nobel de la Paz, pero nadie se lo mereció más que él.

21

La pintura nacida para la magia que ha salvado millones de vidas

En 1933, un estudiante de la Universidad de California, Bob Switzer, sacaba cajas de un vagón de tren durante un trabajo de verano. Por desgracia, tropezó, se cayó y se golpeó la cabeza, y quedó inconsciente durante meses.

Cuando Bob despertó del coma, lo hizo con visión borrosa, lo que provocó que los médicos le recomendaran que evitara la luz brillante. Su padre, que era farmacéutico, convirtió el sótano de su tienda en un cuarto oscuro en el que su hijo pudiera recuperarse.

Bob pasó los siguientes meses en aquella habitación oscura mientras recuperaba la visión, lo que lo llevó, junto a su hermano, a jugar con la luz para crear la ilusión de objetos que aparecían y desaparecían en un escenario oscuro.

Con la esperanza de encontrar compuestos químicos que brillaran con la luz ultravioleta, para hacer trucos de magia, los hermanos mezclaron distintos productos del suministro de farmacia de su padre y produjeron una sustancia amarilla fluorescente.

Patentaron sus primeros productos en 1937 como fluorescentes DayGlo y, en un principio, comenzaron a usarse en carteles publicitarios, pero con la llegada de la Segunda Guerra Mundial se convirtieron en un éxito.

El ejército estadounidense gastó doce millones de dólares en su pintura para emplearla en identificar a las tropas aliadas en los bombardeos en el norte de África; estas utilizaban paneles de tela brillante impregnados con esta pintura para diferenciarse del enemigo.

Funcionó tan bien que DayGlo se empezó a usar en banderas o señales pintadas que podían verse desde los aviones, divisarse en las boyas que marcaban dónde se habían limpiado las minas submarinas o en los uniformes de la tripulación de los portaaviones, para guiar los aterrizajes nocturnos.

Tras la guerra su uso se extendió a la población civil y se empleó en chalecos reflectantes, en equipos de seguridad y en multitud de aplicaciones gracias a las cuales se han evitado millones de accidentes en todo el mundo.

Por todo ello, en el año 2012, la Sociedad Química Estadounidense reconoció los pigmentos fluorescentes de DayGlo como Monumento Químico Histórico Nacional.

Así fue como una pintura fluorescente inventada para la magia se convirtió en la pintura que salva vidas.

22

LEGO: el juguete nacido de la adversidad

En 1918, Ole Kirk Christiansen fundó una carpintería familiar en Billund, Dinamarca, pero con el crack del 29 haciendo estragos por Europa se vio obligado a reducir los costes de producción, ya que la gente apenas tenía dinero para comprar muebles, construir nuevas viviendas o remodelarlas.

Ante la complicada situación económica en la que se encontraba, e inmerso en una gran depresión tras el fallecimiento de su esposa, decidió centrarse en proyectos más pequeños, y así en 1932 comenzó a fabricar juguetes a partir de la madera que todavía conservaba en su taller.

Debido a que los juguetes de madera eran mucho

más accesibles que los importados de metal y a la alta calidad de los que Christiansen fabricaba, el negocio comenzó a despegar, pero necesitaba un nombre, que llegó por la contracción de la frase danesa *leg godt* ('juega bien'): LEGO, que acompaña a la empresa desde entonces.

Pero justo cuando las cosas comenzaban a marchar bien, se desató la Segunda Guerra Mundial, los nazis invadieron Dinamarca y además un incendio destruyó su fábrica y lo arruinó por completo.

Sin embargo, lejos de amilanarse, buscó la manera de levantar de nuevo su empresa y aprovechó su reconstrucción para tomar la decisión de apostar por el plástico para fabricar sus juguetes.

Para ello adquirió el primer moldeador de plástico de toda Dinamarca.

Y ya nada sería igual.

El 28 de enero de 1958, Godtfred Kirk Christiansen, su hijo y sucesor, patentaba uno de los juguetes más exitosos de todos los tiempos, que ha sido nombrado hasta en dos ocasiones «juguete del siglo»: el bloque de LEGO. Pero los problemas no tardaron en reaparecer...

Durante años, LEGO parecía ir viento en popa, pero en 2003 se encontraba al borde del precipicio y atravesaba la mayor crisis de su historia, que amenazaba con hacerlo desaparecer. Los estudios de mercado mostraban que los videojuegos estaban reemplazando a los juguetes tradicionales, así que en LEGO decidieron actuar creando una estrategia de marca global.

Durante la creación de la estrategia entrevistaron a un niño fan de LEGO y del patinaje. Le preguntaron por su objeto favorito y el niño señaló unas zapatillas Adidas gastadas, viejas y destrozadas. Aquellas zapatillas eran la prueba de su esfuerzo, la evidencia ante el mundo de su talento.

El problema no era que la nueva generación de niños «digitales» no tuviera tiempo o ganas de jugar con LEGO. Los niños, simplemente, necesitaban retos, desafíos y reconocimiento por parte de sus padres, su familia o sus amigos.

Así que en LEGO rediseñaron sus bloques haciéndolos más pequeños y con más detalles, para que las construcciones fueran más difíciles y complicadas, de manera que cada vez que un niño construyera algo con ellos demostrara el dominio y la destreza que tenía.

Al igual que las zapatillas de aquel niño, sus construcciones serían sus conquistas.

En 2014, tras el estreno de su primera película, las ventas de LEGO superaron los dos mil millones de dólares, y se alzó, por primera vez en su historia, por encima de Mattel; se convirtió así en el mayor fabricante de juguetes del mundo. Y todo gracias al mayor tesoro de un niño de once años: sus zapatillas.

23

Velcro: el paseo por la montaña que cambió el mundo. De los Alpes a la Luna

Georges de Mestral nació en 1907 en Nyon, una localidad entre Ginebra y Lausana. Ya desde muy pequeño, destacó por una inteligencia y un ingenio fuera de lo normal, lo que lo llevó a estudiar ingeniería en la Escuela Politécnica Federal de Lausana.

Una vez terminados sus estudios, comenzó a trabajar como ingeniero en una tienda de maquinaria pesada. En su tiempo libre le gustaba salir a pasear y cazar con su perro por las montañas alpinas, hasta que un día se dio cuenta de que las semillas de las flores de bardana o cardo alpino se enganchaban constantemente en su ropa y en el pelo de su mascota.

Intrigado, decidió examinar el material a través de

un microscopio y consiguió distinguir distintos filamentos entrelazados terminados en pequeños ganchos que causaban una gran adherencia a los tejidos.

Así que pensó que quizá podría replicar esa estructura en un mecanismo de cierre y fijación artificial basándose en el sistema de la planta, algo revolucionario por su resistencia y por su facilidad para abrirlo y cerrarlo.

Aunque todavía no lo sabía, su idea cambiaría el mundo.

A partir de entonces, De Mestral trabajó incansablemente para desarrollar un diseño que reprodujera, con fibras textiles, el mismo mecanismo creado por los diminutos ganchos de aquellas flores al unirse al pelo de su mascota o al tejido de sus pantalones, y llegó a la conclusión de que la mejor fórmula sería emplear dos tiras de materiales diferentes. En una de ellas habría unos «ganchitos» de nailon, y en la otra, unas fibras enmarañadas, de tal manera que, con una pequeña presión sobre ambas, se consiguiese un cierre perfecto.

La investigación se dilató durante varios años hasta que finalmente lo patentó en 1955, aunque no sacó a la venta su sistema de cierre hasta finales de la década de 1950.

De Mestral llamó a su empresa Velcro, acrónimo de

las palabras francesas *velours* ('terciopelo') y *crochet* ('gancho'). Su éxito fue tan arrollador que su nombre dejó de usarse como marca para convertirse en el nombre genérico del producto, al igual que ocurre con Kleenex, Bimbo o Tupperware.

Curiosamente, casi todos los componentes incluidos en la nave Apolo 11 presentaban sistemas de sujeción creados por Velcro y que permitían a los astronautas asegurar instrumentos, objetos cotidianos, utensilios para escribir o bolsas de comida, para que no flotaran por la nave.

Velcro llegó a vender 55.000 kilómetros de su sistema de cierre cada año, lo que convirtió a De Mestral en multimillonario. Su invento no solo cambió el mundo, sino que hizo de él un lugar mejor.

24

Pippi Calzaslargas: la historia que nació gracias a una pulmonía y una pierna rota

Una noche de 1941 nacía la niña más fuerte del mundo, que levantaba con una mano a su caballo de lunares, colgaba a los ladrones del armario y ganaba una lucha al forzudo del circo: Pippi Calzaslargas.

Esa noche de 1941 la pequeña Karin, metida en cama a causa de una pulmonía, le pidió a su madre, Astrid Lindgren, que le contara algo sobre una niña que se llamaba Pippilotta Viktualia Rullgardina Krusmynta Efraimsdotter Längstrumpf.

Astrid se inventó una extraordinaria historia que no solo le contaba a su hija, sino también a los amigos de esta que acudían a su casa para escucharla. La historia de una niña de pelo zanahoria con dos trenzas, zapatos enormes, su caballo de lunares y su mono, el señor Nilsson. Una niña a la que no le interesaba el colegio y que, con su dinero, era capaz de comprar juguetes a todos los niños del pueblo.

Cada noche la escritora y su hija jugaban a imaginar un mundo en el que Pippi vivía sola y donde nadie la obligaba a tomar aceite de hígado de bacalao cuando lo que ella prefería era comer caramelos.

Pero eran tan solo historias orales, hasta que en 1944 Lindgren se fracturó una pierna y comenzó a escribir el cuento con todas las historias de Villa Villekulla, que le entregó a su hija como regalo por su décimo aniversario.

Los que leían su libro la animaban a publicarlo, así que envió el manuscrito a varias editoriales, que lo rechazaron, hasta que en 1945 decidió participar en el concurso literario convocado por la editorial Rabén & Sjögren, donde obtuvo el primer premio.

A partir de entonces, el libro se convirtió en un éxito, llegó a traducirse a setenta idiomas y convirtió a Pippi Calzaslargas en un símbolo, un icono y un referente para varias generaciones.

En 1978 los libreros alemanes galardonaron a Astrid Lindgren con el Premio de la Paz. A raíz del discurso que dio ese día, en el que condenaba la violencia y el castigo físico contra los niños, Suecia crearía, tan solo un año después, la primera ley contra el maltrato y el castigo físico infantil.

Astrid Lindgren decía: «Quiero escribir para lectores que puedan hacer milagros. Los niños hacen milagros cuando leen. Y por eso necesitan libros».

25

Tony Iommi: el guitarrista mutilado que creó el heavy metal

Anthony Frank Iommi nació en Birmingham, donde estudiaría en la misma escuela que su futuro compañero de banda, Ozzy Osbourne. A los nueve años, tras una caída, se cortó el labio superior, motivo por el cual lo apodaron «Caracortada», y decidió usar su característico bigote para ocultar la cicatriz.

A Tony le encantaba la música y se interesó por tocar la batería, aunque debido a su excesivo ruido acabó decidiéndose por la guitarra.

Pero a los diecisiete años su carrera como guitarrista estuvo a punto de acabar debido a un accidente laboral que le provocó la amputación de la punta de dos dedos de la mano derecha. Fue entonces cuando su jefe le contó la historia del guitarrista Django Reinhardt, un músico que había perdido la movilidad de los dedos en un incendio y que, sin embargo, había seguido tocando.

La historia de este músico lo inspiró y lo motivó para seguir tocando la guitarra; sin embargo, tendría que hacer algunas modificaciones para poder continuar.

Para ello fabricó unas prótesis de goma, una especie de dedales caseros a base de botellas de jabón, para ponérselos en los dedos amputados, llegar a las cuerdas y a la vez protegerlos. También bajó la afinación de la guitarra, con el fin de que las cuerdas quedaran menos tensas y evitar así el dolor al tocarlas, y cambió el calibre de estas.

Como resultado de todas estas modificaciones, su afinación tenía una tonalidad característica que acabaría creando un nuevo género musical, el heavy metal, motivo por el que se le considera su padre y creador, junto a su legendario grupo: Black Sabbath.

A pesar de su accidente y de las limitaciones que teóricamente este le había causado, Tony aparece en el puesto número uno de los mejores guitarristas de heavy metal de la historia en la revista *Guitar World*, en el número 25 de la revista *Rolling Stone* y en el puesto número 10 de los mejores guitarristas de todos los tiempos de la revista *Time Rock*.

Hazlo. Y, si tienes miedo, hazlo con miedo. Nunca temas intentarlo.

26

Jacques Jaujard: el hombre que salvó los tesoros del Louvre de manos de los nazis

A finales de la década de 1930, el personal del Museo del Louvre vio venir la amenaza: la Segunda Guerra Mundial. Aunque el museo ya se había cerrado durante parte de la Primera Guerra Mundial, los franceses sabían que a los nazis les encantaba el arte, lo que ponía al Louvre en riesgo inminente.

Jacques Jaujard era el director del Museo del Louvre y de los Museos Nacionales de Francia, y quería evitar que aquellos tesoros desapareciesen en manos de los nazis, por lo que solo cabía una medida: vaciarlos en una operación monumental, ya que cada pintura, escultura o antigüedad exigía un cuidado especial.

«Hay que salvar el tesoro artístico de nuestra nación». Jacques Jaujard.

El 25 de agosto de 1939, diez días antes de que Francia entrase en guerra, Jaujard ordenó cerrar el Louvre.

Y tuvieron que improvisar, porque nunca se había intentado nada a tan gran escala, ya que el Louvre fue, y sigue siendo, el museo más grande del mundo.

El trabajo era tan ingente que los empleados del museo solicitaron la ayuda de los trabajadores de los grandes almacenes cercanos para ayudar a envolver miles de obras maestras.

En tres días, doscientas personas embalaron más de cuatro mil obras y pegaron en cada una de ellas círculos de colores para determinar el orden de evacuación. Amarillo para la mayoría de las colecciones, verde para las obras importantes y rojo para los tesoros más valiosos (a la *Gioconda* le correspondieron tres círculos rojos).

En los días siguientes, 203 vehículos transportaron 1.862 cajas. Su destino: el castillo de Chambord, a 160 kilómetros al sur de París. Cuando los alemanes entraron en París, el Louvre y todos los museos nacionales de Francia habían dispersado todas sus obras de arte por todo el país.

Además, los nazis habían encargado el saqueo al

conde Wolff-Metternich, un hombre que amaba el arte, pero que no soportaba que aquellas maravillas acabaran en las codiciosas manos de Hitler, por lo que se acabaría convirtiendo en un aliado y provocaría la hostilidad de los dirigentes nazis, que al final, en 1942, le ordenaron que regresara a Alemania.

Hacia el final de la guerra, el Gobierno de ocupación ordenó a Jaujard que enviara toda la colección del Louvre a París, probablemente para poder transportarla a Alemania desde allí, pero este se negó con el argumento de que necesitaban mantener el arte oculto porque, de otro modo, los «malvados británicos» acudirían con sus aviones a robarlo.

Las obras del Louvre regresarían intactas a su lugar una vez terminada la Segunda Guerra Mundial. En reconocimiento de todo su trabajo, Jacques Jaujard recibiría la medalla de Gran Oficial de la Legión de Honor.

27

Sam Walton: de ordeñar vacas a reinventar el *retail*

Samuel Walton pasó su infancia en una granja de la zona rural del estado de Oklahoma, donde su padre se dedicaba a la agricultura. Desde muy jovencito procuró ayudar a su familia con distintos trabajos: ordeñar vacas, vender periódicos, comercializar suscripciones a revistas…

Pero el joven Sam quería aspirar a un futuro más brillante, por lo que decidió matricularse en la Universidad de Missouri para estudiar economía, etapa en la que necesitó mantener diversos empleos para poder sobrevivir; incluso llegó a trabajar como camarero a cambio de un plato de comida diario.

En 1940 iniciaba su carrera en el comercio minorista

como aprendiz en un supermercado, donde su jefe lo amenazaba constantemente con despedirlo porque decía que no estaba hecho para el *retail*.

Tras el fin de la Segunda Guerra Mundial, con veintisiete años y una familia que mantener, decidió adquirir, gracias a un préstamo de 20.000 dólares que le hicieron sus suegros y 5.000 dólares de sus ahorros, una franquicia en Arkansas que se convirtió en la de mayor facturación, por lo que el propietario de la cadena quiso comprársela para dársela a su hijo, algo a lo que Sam se negó.

El propietario esperó a que su contrato finalizase y entonces no lo renovó.

Muy cabreado, Sam recorrió los pueblos de Arkansas hasta que llegó a un maravilloso lugar: Bentonville, donde se instaló en un local en la plaza principal del pueblo, con un contrato de alquiler de noventa y nueve años (por lo que pudiera ocurrir).

Llamó a su tienda Walton's Five and Dime y comenzó a vender con los precios más bajos posibles, lo que hizo que fuera todo un éxito y lo llevó a abrir otras quince tiendas. Se dio cuenta de que la clave estaba en mantener los precios más bajos que cualquier otro competidor, aunque se redujese el margen de beneficio, ya que este se compensaría con el aumento de las ventas.

Así fue como Sam Walton se convirtió en uno de los pioneros del conocido como *hard discount*, un modelo que funcionaba, pero solo en las grandes ciudades. Si quería llegar a todos los pueblos, tenía que cambiar su visión, por lo que estableció cuatro conceptos fundamentales para su modelo de negocio:

- Ofrecer una amplia variedad de productos entre los que escoger.
- Cerrar sus tiendas mucho más tarde que las de la competencia, sobre todo en Navidad.
- Comprar lotes completos a sus proveedores para reducir sus costes y con ello el precio que podía ofrecerle al cliente final.
- Ser siempre el más barato.

Sam hipotecó su casa, pidió varios préstamos y en 1962 fundó, en la ciudad de Rogers, Arkansas, el primer Walmart, abreviatura de Walton-Mart, que se enfocaba en las pequeñas comunidades. Los pueblos, entusiasmados por tener variedad, precio y servicio, privilegios que solo existían en las grandes tiendas de las grandes ciudades, acudieron a sus establecimientos y dispararon las ventas.

Y todo cambió.

El crecimiento de Walmart fue tan extraordinario que, si en 1970 hubiésemos invertido 1.000 dólares, diez años después habríamos tenido más de 1,5 millones de dólares.

En 1985, la revista *Forbes* declaraba a Sam Walton el hombre más rico de Estados Unidos, con una fortuna personal de 2.800 millones de dólares. Cuando falleció, el 5 de abril de 1992, su fortuna ascendía a 25.000 millones de dólares.

Walton no solo fue uno de los empresarios más exitosos de la historia de la humanidad, sino que revolucionó por completo la forma en que funcionaba el sector *retail*, con una de las compañías más poderosas de todos los tiempos: Walmart.

Si todo el mundo lo está haciendo de la misma manera, es muy probable que puedas encontrar tu nicho de mercado yendo exactamente en la dirección opuesta. Pero debes estar preparado para que mucha gente te condene y te diga que vas por el camino equivocado.

SAM MOORE WALTON

28

Marie Curie: la ganadora del Nobel a la que la Academia de Ciencias de Francia rechazó por ser mujer

A principios de 1911, la Academia de Ciencias de Francia tenía una vacante que cubrir. Una famosa científica, que ya había ganado un Nobel, se postuló para el puesto. Pero la rechazaron por el simple hecho de ser mujer.

Y es que la Academia de Ciencias de Francia no admitía mujeres como miembros. Además, esta científica estaba viuda y se decía que tenía una relación íntima con un joven físico que estaba casado, motivo por el que los sectores más puritanos de la sociedad francesa la acosaban y la amenazaban.

El revuelo ante su candidatura fue tal que, a la reunión donde se propuso como candidata, acudieron alrededor de doscientos miembros cuando, por lo general, no solían asistir ni la mitad. El debate entre los defensores de sus méritos y sus detractores fue muy tenso. Ese día se llevó a cabo una votación pública, que perdió por unos pocos votos.

A puerta cerrada volvió a hacerse una nueva votación, pero el debate derivó hacia la discusión de si esa mujer se había aprovechado del trabajo de su marido para conseguir su primer Nobel. Por si fuera poco, los medios de comunicación conservadores habían puesto en marcha una intensa campaña en la que la acusaban de ser judía y de no ser cien por cien francesa al haber nacido en Polonia.

Perdió de nuevo la votación.

Para vergüenza de los miembros de la Academia de Ciencias de Francia, en ese mismo año, 1911, la gran Marie Curie recibía en solitario el Premio Nobel de Química por el descubrimiento del Polonio y el Radio. Y ya era el segundo. Fue la primera persona en la historia a la que se le concedieron dos Premios Nobel en dos campos diferentes.

Curiosamente, Marie Curie también fue una heroína de guerra. En 1914 detuvo sus investigaciones debido al comienzo de la Primera Guerra Mundial y pensó que, mientras tanto, tenía que ayudar a salvar vidas.

Así que decidió llevar los rayos X al frente de batalla. Para ello inventó el Petite Curie, el primer «vehículo radiológico» de la historia, que contenía una máquina de rayos X y un equipo fotográfico de cuarto oscuro, que podía trasladarse hasta el campo de batalla, donde los cirujanos del ejército podían usar los rayos.

Curie se dedicó a buscar financiación para la fabricación de los Petite Curie, formó a ciento cincuenta mujeres en su uso e incluso fue chófer de uno de sus propios inventos.

Con sus esfuerzos, se estima que el número total de soldados heridos que recibieron exámenes de rayos X durante la guerra superó el millón.

Debido a la alta radiactividad con la que Marie convivió durante toda su vida, todos sus cuadernos, papeles y documentos están almacenados en cajas de plomo en los sótanos de la Biblioteca Nacional de Francia. Son tan radiactivos que los investigadores que desean acceder a ellos deben manipularlos con ropa de protección y tienen que firmar un descargo de responsabilidad.

Y seguirán siendo mortales durante los próximos mil quinientos años. Tanta radiación contenía el cuerpo de Marie Curie que, para poder enterrarla en el Panteón de París, hubo que hacerlo en un ataúd de plomo.

Tendrían que pasar cincuenta y un años para que

Marguerite Perey, alumna de Curie y descubridora del Francio, se convirtiera en 1962 en la primera mujer en acceder a la Academia de Ciencias de Francia.

Soberbia, machismo, envidia, celos, egoísmo... Madame Curie los venció todos y, por supuesto, nunca volvió a intentar ingresar en la Academia.

29

Douglas Bader: el piloto sin piernas que se convirtió en inspiración y en héroe de la Segunda Guerra Mundial

El 14 de diciembre de 1931, el piloto Douglas Bader accedió a ejecutar una demostración de su talento en acrobacias aéreas. Por desgracia, el avión se estrelló, las piernas de Douglas quedaron atrapadas entre los restos de la nave y no quedó otro remedio que amputárselas.

Tras una larga recuperación en la que se hizo adicto a la morfina, consiguió dos piernas protésicas de aluminio con las que, contra todo pronóstico, logró algo que se consideraba imposible: caminar sin la ayuda de muletas.

Y, por si fuera poco, también volvió a conducir, a jugar al golf y a volar, pero la Royal Air Force (RAF) lo retiró del servicio activo y le otorgó una pensión. Sin embargo, la Segunda Guerra Mundial le permitió volver a pilotar un avión con el rango de teniente coronel.

Convertido en una inspiración para sus compañeros, el 9 de agosto de 1941 los nazis lo derribaron en Francia y lo hicieron prisionero. Además, por si no tenía ya suficientes problemas, durante la caída perdió las dos piernas protésicas.

Bader era una valiosa captura, ya que se había convertido en un as al que muchos alemanes admiraban, por lo que, cuando el general de la Luftwaffe Adolf Galland se enteró de su captura y de que le faltaban las piernas, organizó una de las más sorprendentes operaciones de la Segunda Guerra Mundial, bajo la autorización del mismísimo Herman Göring.

Usando como intermediaria a la Cruz Roja, ingleses y alemanes establecieron contacto por radio mediante la frecuencia internacional de rescate y se pusieron de acuerdo para hacer llegar a Bader, a bordo de un bombardero que las dejaría caer cerca de la base en la que estaba retenido, las prótesis de repuesto que tenía en Inglaterra.

El 19 de agosto los ingleses enviaron una escuadrilla de aviones que lanzaron las prótesis en paracaídas sobre la base de la Luftwaffe y, ya de paso, aprovecharon para bombardear el aeródromo de esta.

Bader recuperó así sus dos piernas, con las que intentó fugarse en multitud de ocasiones.

Tras su paso por varios campos de prisioneros, acabó en el castillo de Colditz, donde los alemanes le confiscaron las prótesis hasta que dio su palabra de no volver a intentar fugarse. Allí permaneció hasta el 15 de abril de 1945, cuando el ejército estadounidense liberó el castillo.

El 15 de septiembre de 1945 encabezó el desfile aéreo de celebración de la victoria sobre Londres y poco después abandonó la RAF y comenzó a trabajar para una petrolera.

En 1976 la reina Isabel II lo nombraba caballero por su trabajo en favor de las personas discapacitadas. El 4 de junio de 1979 pilotaba por última vez un avión. Fallecía en Londres el 5 de septiembre de 1982.

A lo largo de su vida, Douglas Bader inspiró a innumerables personas, tanto por sus acciones en tiempos de guerra como por su posterior labor en favor de los discapacitados, una tarea que continúa hoy gracias a la Douglas Bader Foundation.

30

Eddie Edwards: el peor atleta olímpico, pero el más querido. Por él hubo que cambiar las reglas de los Juegos Olímpicos

En la ceremonia de clausura de los Juegos Olímpicos de Invierno de Calgary 88, el presidente del Comité Olímpico Internacional, Juan Antonio Samaranch, decía: «En estos juegos algunos atletas han ganado el oro, otros han batido récords y uno ha volado como un águila». ¿A quién se refería? A Eddie Edwards, el hombre que cambió las reglas del olimpismo.

Michael «Eddie» Edwards había nacido en Cheltenham, Inglaterra, en 1963 y era un trabajador del yeso bajito, con algo de sobrepeso y una prominente hipermetropía.

Cuando era niño, durante una excursión con el colegio, se quedó alucinado con los deportes de nieve, sobre todo con las pruebas de esquí, pero aquello le pareció muy lejano, así que lo olvidó.

O eso creía. Porque con veintidós años, mientras veía la televisión, se quedó enamorado, de nuevo, de los saltos de esquí y tomó una decisión: él también lo haría. Y decidió jugársela.

No había nadie en Inglaterra que practicara esta disciplina olímpica, así que no tendría competencia, ya que ni siquiera había equipo nacional.

Reunió sus ahorros y viajó a Nueva York, donde se puso bajo las órdenes de dos entrenadores. Como no tenía equipación propia, se la prestaron, y debía usar tres pares de calcetines para ajustarse las botas de nieve, varias tallas mayores que la suya. Los entrenadores le dijeron que nunca podría hacer salto de esquí: pesaba demasiado y no podía hacer casi nada sin gafas; además, cuando saltaba, se le empañaban, y el pobre veía aún menos.

Pero Edwards se plantó en los campeonatos del mundo de 1987 en Alemania. A pesar de acabar último, se clasificó para los Juegos Olímpicos de Calgary, en Canadá, que se celebrarían el año siguiente, como representante del equipo olímpico británico.

Esta extraña gesta despertó las simpatías de la prensa y los aficionados, lo que atrajo a patrocinadores y, con ellos, los medios necesarios para seguir entrenando.

Y llegó a Calgary. Allí, en vez de ejecutar cada salto con una elegante y aerodinámica posición, agitaba los brazos cuando iba en el aire para no perder el equilibrio, y así fue como se ganó el apodo de «el Águila» y se convirtió en uno de los deportistas más seguidos y queridos de los juegos.

Edwards compitió en dos pruebas de trampolín. En ambos casos acabó el último. Sin embargo, su expresión, sus ojos vivarachos tras el grueso cristal de sus gafas empañadas y el desparpajo con el que paseaba su ridícula estampa de atleta consiguieron que regresara a Inglaterra convertido en un héroe.

Temiendo que su ejemplo cundiera, en 1990 se creó una regla conocida como «la regla de Eddie el Águila», que obliga a los atletas olímpicos a clasificarse en competiciones internacionales dentro del 30 por ciento de los primeros cincuenta competidores.

La historia de Eddie Edwards es única, ya que se trata del peor atleta que haya competido jamás en los Juegos Olímpicos, pero, al mismo tiempo, es uno de los más queridos.

31

El hombre que se hizo millonario gracias a sus pelotas (de golf)

En la década de los ochenta, Jim Reid se ganaba la vida, desde hacía ya más de diez años, como inspector en el parque de atracciones de Walt Disney World de Orlando, en Florida.

Jimmy tenía un buen sueldo y un buen trabajo, pero quería algo más. Y tuvo una idea que le cambiaría la vida para siempre.

Durante un partido de golf que disputaba junto a unos amigos, hablaron sobre la afición de Jim al buceo para buscar «tesoros». Uno de los presentes le sugirió que buceara en uno de los lagos del campo. Quién sabe, quizá podría encontrar un tesoro, algo que valiera la pena.

Sin pensárselo mucho, Jim se zambulló en las aguas de un estanque del campo, donde encontró varias pelotas de golf. Las examinó y, al darse cuenta de que se encontraban en perfecto estado, supuso que podrían usarse de nuevo sin problema y que quizá podría revenderlas.

Le enseñó la bolsa cargada de las pelotas que había recogido al dueño del campo, que le ofreció diez centavos por cada una. Ese día sacó dos mil pelotas del estanque... Había encontrado su «tesoro».

Jim obtuvo permiso del dueño del club para sumergirse en las profundidades de sus estanques con el objetivo de rescatar miles de pelotas de golf, que, una vez tratadas, vendía de nuevo al club.

En un día ya ganaba lo mismo que en una semana entera en el parque de atracciones.

Viendo el potencial del negocio, dejó su empleo y se concentró en las pelotas, que se llevaba a casa en su coche y metía en la lavadora para limpiarlas. El problema era que hacían un ruido ensordecedor cuando las lavaba, así que sus vecinos lo denunciaron. Jim decidió contratar a sus vecinos y fundar su propia empresa, la Second Chance Golf Ball Recyclers, donde puso a trabajar a parte de su familia primero, para luego contratar a profesionales.

Al principio, él hacía prácticamente todo el trabajo, pero pasados los días comenzó a cerrar tratos con más y más campos de golf, a contratar buceadores y más personal.

Y una vez que el modelo de negocio estuvo probado, replicarlo era sencillo. Durante diez años ganó mucho dinero. En 1993 facturaba más de un millón de dólares y solo un año después vendía su empresa por más de cinco millones a Sport Supply Company.

A los cincuenta años, Jim Reid se jubiló para disfrutar del resto de sus días y de los beneficios de una idea que le cambió la vida para siempre. Y todo gracias a sus pelotas.

32

Lady Mary Wortley Montagu: la olvidada mujer que trajo la vacuna de la viruela a Europa y a la que nadie creyó

Por todos es conocida la historia del descubrimiento de la vacuna contra la viruela en Reino Unido por Edward Jenner, en 1796, pero son menos los que conocen a lady Mary Wortley Montagu.

Esta extraordinaria mujer de la alta sociedad llevó a cabo experimentos pioneros de inoculación que sentaron las bases para el descubrimiento de Jenner, pero su contribución está casi olvidada.

A principios del siglo xviii, la viruela mataba al 15 por ciento de la población de Europa, lo que daba lugar a refranes tan macabros como el que advertía: «Nunca cuentes a tus hijos hasta que todos hayan tenido viruela».

En 1716, lady Mary Wortley Montagu acompañaba a su esposo en su nuevo cargo de embajador de Inglaterra en Estambul, capital del Imperio otomano. Mary escribía cartas con descripciones de la vida oriental y en una de ellas contaba que la viruela no existía en Turquía. Desde hacía mucho tiempo se sabía que las personas que contraían esta enfermedad una vez quedaban inmunizadas para el resto de su vida. Por ello, las mujeres turcas mayores provocaban un caso leve en los niños empleando el pus de un infectado, que introducían en una incisión que le hacían a la persona a la que querían proteger.

Asombrada, Mary ejecutó con éxito el procedimiento en su propio hijo y a su regreso a Inglaterra comenzó a difundir este método. Lo empleó en su hija, hizo una demostración pública con presidiarios e incluso la familia real lo utilizó, pero no tuvo éxito entre los médicos ingleses, que en ningún momento se fiaron de un remedio oriental que venía avalado por una mujer, e hicieron lo posible, en ocasiones incluso de forma involuntaria, para que fracasara.

La Iglesia tampoco se lo puso fácil y acusó a Mary de ser una madre antinatural por haber arriesgado la vida de sus dos hijos.

Tendría que ser Edward Jenner quien se llevara el

mérito, los premios y los honores. En las universidades de medicina los estudiantes aprenden sobre Jenner, su retrato cuelga en el Colegio Real de Médicos de Londres e incluso se recuerda a la vaca que proporcionó el material original de la viruela bovina para el experimento de Jenner.

Sin embargo, lady Mary Wortley Montagu, cuyos esfuerzos pioneros sentaron las bases para los experimentos de Jenner, ha caído en el olvido.

¿Qué habría ocurrido si hubiera sido obra de un hombre, en lugar de una dama de la alta sociedad? La historia se habría escrito de una manera completamente diferente.

33

Williamina Fleming: de criada a astrónoma descubridora de más de trescientas estrellas

En cualquier lugar, en cualquier momento, en cualquier persona... podemos encontrar talento. Tan solo hay que darle una oportunidad, como le ocurrió a esta mujer, que pasó de sirvienta a reconocida astrónoma que catalogó miles de estrellas y otros fenómenos que cambiarían esta disciplina para siempre.

En 1881, el director del Observatorio de Harvard, Edward Charles Pickering, empleaba para sus investigaciones astronómicas computadoras humanas, hombres mal pagados que realizaban los monótonos cálculos necesarios para las observaciones telescópicas. Frustrado con su personal, decía habitualmente: «¡Mi sirvienta escocesa podría hacerlo mejor!».

Así que un día la contrató. Su nombre era Williamina Fleming y trabajaba como ama de llaves para él desde hacía dos años, después de que su marido la hubiera abandonado junto a su bebé.

Pickering le ofreció a Fleming un empleo temporal en el observatorio para hacer tareas rutinarias de oficina y cálculos matemáticos. A pesar de que no contaba con formación académica específica, pasó a ser miembro permanente del personal de investigación y la pusieron al cargo de un equipo de decenas de mujeres que ejecutaban cálculos matemáticos, conocidas como las Computadoras de Harvard, además de situarla al frente de las contrataciones de personal.

Williamina corrigió todos los originales de las publicaciones del observatorio y ayudó a elaborar un sistema de asignación de estrellas.

Además, en 1888 descubrió la nebulosa Cabeza de Caballo, contribuyó a la confección del catálogo Henry Draper y en solo nueve años catalogó más de 10.000 estrellas, descubrió 59 nebulosas gaseosas, 310 estrellas variables, 10 supernovas y 222 estrellas variables, además de atribuírsele el descubrimiento de la primera enana blanca.

Los increíbles logros profesionales de esta astrónoma accidental cambiaron para siempre la astronomía, pero, a pesar de ello, el nombre de su superior figuró siempre como autor de sus descubrimientos, incluso cuando él mismo explicaba en el texto que los avances se debían al trabajo de ella.

Por fortuna, en ediciones posteriores los errores sobre la autoría se subsanaron y se reconoció públicamente a la auténtica autora en 1908.

Su extraordinario talento le valió el nombramiento de conservadora del Archivo de Fotografías Astronómicas de Harvard, cargo que por primera vez ocupaba una mujer, además de ser también la primera en alcanzar, en 1906, una plaza honoraria en la Royal Astronomical Society de Londres.

Y, por si esto fuera poco, el cráter lunar Fleming lleva este nombre en su memoria y la del descubridor de la penicilina, el científico británico Alexander Fleming.

¿Talento? Talento.

34

La historia no contada de Oppenheimer: Lise Meitner, la verdadera madre de la bomba atómica

Lise Meitner nació en Viena en 1878, en el seno de una familia judía, y comenzó sus estudios universitarios en 1901. En 1906 ya era doctora en Física, pero, a pesar de sus éxitos, una científica no tenía mucho futuro en Viena, así que decidió mudarse a Berlín y continuar sus estudios en radiactividad.

Allí comenzó a trabajar con Otto Hahn, pero su laboratorio no podía aceptar mujeres, así que Lise tenía que trabajar desde el sótano. Hahn y Meitner formaron una pareja muy productiva y publicaron varios artículos, en los que solo aparecía el nombre de él. Además, Lise no cobraba por su trabajo, así que su padre le pagaba los gastos, hasta que los nazis llegaron al poder, momento en el que tuvo que salir clandestinamente en tren hacia Holanda, en 1939.

Meitner y Hahn siguieron en contacto por carta con la intención de explicar un experimento que estaban ejecutando en Alemania, en el cual, al bombardear con neutrones el uranio, este se dividía en elementos más ligeros.

Lise explicó el fenómeno, introdujo el término «fisión nuclear» en la revista *Nature* y expuso la existencia de una reacción en cadena que podía servir para generar una gran cantidad de energía que podría llevar a la creación de la bomba atómica.

En 1942 se le ofreció participar en un grupo internacional de investigación para conseguir una bomba atómica y terminar con el régimen nazi, el Proyecto Manhattan. No aceptó y dejó sus razones bien claras: no quería tener nada que ver con una bomba.

Ningún otro científico rehusó la oferta.

A Meitner se la consideró «la madre de la bomba atómica», título que nunca fue de su agrado; recibió varios premios y fue la primera mujer en tener un elemento químico de la tabla periódica, el 109, Meitnerio. Sin embargo, pese a ser nominada más de cuarenta y ocho veces al Premio Nobel, nunca llegó a ganarlo.

En 1947, Otto Hahn recogió el Nobel y lo hizo sin mención alguna a Lise Meitner, pese a que es imposible entender su trabajo sin tener en cuenta las ideas de la austriaca. De hecho, en las primeras candidaturas al Nobel estaban los dos, pero en 1945 se decidió que únicamente le darían el premio a Otto Hahn.

En 1968, con noventa años, fallecía esta extraordinaria mujer, toda una celebridad tras la Segunda Guerra Mundial y a quien, sin embargo, hoy por hoy apenas se la conoce.

Lise Meitner no tiene película de Hollywood propia, pero sí marcó la historia de la bomba atómica y de la humanidad. Sin ella, Oppenheimer no existiría.

35

Elizebeth Friedman: la olvidada criptógrafa que desbarató la red de espionaje nazi en América del Sur y a la que el FBI borró de la historia

En el año 2008, Estados Unidos desclasificaba documentación secreta de la Segunda Guerra Mundial. En ella aparecía el nombre de una mujer, Elizebeth Smith Friedman, a la que nadie conocía ni recordaba.

Elizebeth había nacido en Indiana en 1892 y había estudiado poesía y literatura. En Chicago, un bibliotecario la puso en contacto con George Fabyan, un millonario que buscaba investigadores para trabajar en un proyecto de descifrado de códigos de Shakespeare.

Allí conoció a su futuro marido, William Friedman, con el que trabajó durante años en el proyecto de aquel millonario que pretendía demostrar la teoría de que las obras de Shakespeare no eran en realidad suyas, sino de Francis Bacon.

Cuando estalló la Primera Guerra Mundial, contrataron a los Friedman para que dirigieran la primera unidad de descifrado de códigos de Estados Unidos: tenían que interceptar mensajes de radio y descifrar la información encriptada para los aliados.

Finalizada la guerra, Elizebeth dirigió una unidad de criptoanalistas dependiente de la Guardia Costera, que vigilaban las redes de contrabando; así se convirtió en la primera mujer en dirigir una iniciativa de este tipo. El trabajo de Elizebeth y su equipo dio lugar a seiscientos cincuenta juicios, algunos de ellos contra miembros de la banda del legendario Al Capone.

Tras el ataque a Pearl Harbor en 1941, la Marina se hizo cargo de la unidad de guardacostas de Elizebeth y la degradaron, ya que las mujeres no podían tener mando en el ejército, y pusieron al frente de la unidad a un teniente más joven y también mucho menos cualificado que ella.

A pesar de los desplantes y los desprecios, Elizebeth redobló sus esfuerzos y volvió al trabajo; gracias a ello, descifró los mensajes que permitieron descubrir toda una red de espionaje a través de Sudamérica y la identidad de su mando, un oficial de alto rango de las SS, las fuerzas de élite de Hitler: Johannes Siegfried Becker. Consiguió seguirle la pista donde todas las demás agencias de seguridad e inteligencia habían fracasado, y al final se logró desmantelar la red.

Pero Elizebeth y su equipo nunca recibieron reconocimiento alguno.

En su lugar, el director del FBI, J. Edgar Hoover, se atribuyó el mérito afirmando que la agencia había liderado el esfuerzo de descifrar el código, y se borró la contribución de Friedman y su equipo.

Una mentira que terminó escribiéndose en los libros de historia y convirtiéndose en una verdad. Mientras tanto Elizebeth, que había jurado secreto y lealtad a su país, se llevó a la tumba su desconocida vida como una de las criptógrafas más relevantes de la historia de Estados Unidos.

Solo cuando los informes de Inteligencia se desclasificaron en el año 2008 se revelaron las identidades reales de los autores de aquella gesta y el verdadero papel de Friedman en el esfuerzo de guerra.

Pero, a pesar de que Estados Unidos ya está intentando recuperar su memoria (en abril de 2019 se aprobó una resolución del Senado en su honor, y en julio de 2020 la Guardia Costera de Estados Unidos anunció que un nuevo barco llevaría su nombre), todavía queda mucho por hacer para reconocerle a esta mujer el valor que se merece.

Curiosamente, mientras investigaba, no dejaba de pensar: «Si nos hemos perdido la historia de Elizebeth, ¿a quién más nos estaremos perdiendo?».

36

El beso de un médico a una paciente con VIH que desafió a la OMS y cambió para siempre la historia de esta enfermedad

En 1991, una foto tomada en un congreso en Cagliari dio la vuelta el mundo. En la imagen se ve a Fernando Aiuti besando en la boca a una joven seropositiva que estaba en tratamiento, para demostrar, de una vez, que el VIH no podía contraerse con un beso y que no había nada que temer al besarse con una persona con SIDA.

Esta afirmación, que ahora nos parece tan obvia, no lo era tanto hace treinta años. Eran tiempos en los que incluso la Organización Mundial de la Salud tachaba a las personas con VIH de peligro público. Se creía que el virus podía transmitirse por el contacto más simple, y besarse con una persona contagiada significaba firmar una sentencia de muerte.

Fernando, que llevaba años investigando la enfermedad y buscando una cura que no llegó a conseguir, leía el 2 de diciembre de 1991, en la portada de un periódico italiano, el siguiente titular: «El VIH se transmite a través de la saliva», una información cuya falsedad había quedado demostrada por sus propias investigaciones.

El inmunólogo no podía permitir que esa mentira que estigmatizaba todavía más a las personas enfermas de SIDA siguiera contándose públicamente, así que, ese mismo día, en el Congreso Nacional de VIH que se celebraba en Cagliari, en Cerdeña, y al que estaba invitado, fue a buscar a Rosaria Iardino, una joven de veinticinco años que llevaba desde los diecisiete enferma.

Y la besó.

Tacharon a Fernando de loco e inconsciente y lo acusaron de desinformar a la población. Sin embargo, tanto la fotografía como la noticia dieron la vuelta al mundo. Un acto tan simple como un beso acabó convirtiéndose en un arma poderosísima para cambiar la percepción que hasta entonces se había tenido del VIH.

En 1992 Fernando obtuvo el título de Cavaliere di Gran Croce al Merito della Repubblica y en 2010 el Ministerio de Educación lo nombró profesor emérito de por vida.

Años después, doctor y paciente volvieron a reunirse para compartir una cena donde él comentó: «Cuando muramos, nos recordarán por ese beso».

Y tenía razón.

Fernando Aiuti fallecía en 2019, a los ochenta y cuatro años, apodado para siempre como el «científico del amor».

Hay hombres que, por el valor que pueden aportar a la comunidad científica y cultural, deberían disfrutar de la inmortalidad. Nuestro beso no fue más que un grito y una llamada para hablar del SIDA, para continuar con el estudio y la investigación. Gracias, Fernando; para algunos de nosotros serás eterno.

ROSARIA IARDINO

37

Amadeo Giannini: el inmigrante italiano que inventó la banca moderna y salvó de entre las ruinas a la ciudad de San Francisco

Amadeo Peter Giannini era hijo de unos inmigrantes italianos, nacido en San José, California, en 1870. Comenzó en los negocios vendiendo frutas y verduras en un carro tirado por caballos, pero había nacido para cosas mucho más grandes, aunque él en aquel momento todavía no lo sabía.

A los treinta y cuatro años, junto a otros inversores, abría un pequeño banco en San Francisco: el Banco de Italia. En aquella época los bancos solo prestaban dinero a grandes empresas y únicamente permitían a los ricos utilizar sus servicios. La mayor parte de estos establecimientos consideraban que las personas con ingresos bajos constituían riesgos crediticios y nunca tendrían capacidad para devolver los préstamos, pero Giannini creía que la gente de la clase trabajadora no tenía menos probabilidades de pagar sus deudas, sino todo lo contrario.

Su banco fue el primero en ofrecer servicios bancarios a los trabajadores, les permitió pedir préstamos y los animó a depositar su dinero y a que dejaran de guardar los ahorros bajo el colchón. Sus rivales se rieron de él, pero Giannini seguía creyendo en lo que hacía e incluso llegó a cambiar el horario de apertura de su banco para hacerlo accesible a la mayoría de los obreros.

Pero el 18 de abril de 1906, un devastador terremoto golpeaba San Francisco. El suceso provocó además varios incendios que destruyeron el 80 por ciento de la ciudad. Giannini pudo trasladar el dinero y los registros de su cámara acorazada a su casa, para lo que empleó un carro de basura, que desplazó durante un trayecto de varios kilómetros, ocultando su carga de las bandas de ladrones y saqueadores que asolaban las calles de San Francisco.

La mayoría de los banqueros de la ciudad habían huido y los bancos que no se habían destruido mantenían las cámaras acorazadas cerradas debido a los incendios.

El repentino cambio de temperatura si intentaban abrirlas podía provocar que se destruyera su contenido, lo que haría que se perdiera todo lo almacenado en ellas. Giannini podría haberse escondido y haber esperado tiempos mejores. Él estaba bien, su familia también y tenía el dinero de su banco (y de sus clientes) a buen recaudo, pero decidió que lo mejor que podía hacer por la ciudad que lo había acogido era contribuir a su reconstrucción.

Para ello levantó una oficina al pie de los muelles de la ciudad, improvisada con dos barriles de cerveza y un tablón, e hizo correr la voz de su alocada idea: daría préstamos a todos los interesados en reconstruir San Francisco. El único requisito era firmar y un apretón de manos.

Años después, cuando contaba su historia, Giannini afirmaba que le habían devuelto de manera íntegra, sin excepción, todos los préstamos que había concedido desde su «oficina» en los muelles.

Tras la catástrofe viajó por todo el país explicando a los obreros cómo las sucursales bancarias podían ayudarlos y, pueblo a pueblo, construyó el primer sistema de sucursales de los Estados Unidos de América y del mundo.

El 1 de noviembre de 1930, el Banco de Italia cambiaba su nombre por el de Bank of America. Cuando Giannini murió, en 1949, su banco tenía más de quinientas sucursales, 6.000 millones de dólares en activos y era el banco más grande del mundo.

38

Terry Fox: una maratón diaria con una pierna ortopédica y enfermo de cáncer para concienciar a un país

Cuando estaba en el instituto, este canadiense comenzó a tener dolores insoportables en una rodilla. Él creía que era algo normal, ya que vivía por y para el deporte. Jugaba al béisbol, baloncesto, fútbol y rugby, pero cuando fue al médico recibió una terrible noticia: padecía osteosarcoma, una variante del cáncer de huesos. Además, era preciso amputarle la pierna derecha por encima de la rodilla para evitar que el cáncer se extendiese rápidamente por todo el cuerpo.

La noche anterior a la operación, Terry había estado leyendo la historia de Dick Traum, un amputado que había corrido la Maratón de Nueva York en 1976, y se hizo una promesa a sí mismo: «Algún día haré algo así».

Semanas después ya caminaba con una pierna ortopédica, y comenzó a jugar al baloncesto en una silla de ruedas, deporte en el que ganaría tres títulos nacionales con su equipo.

Durante los meses que estuvo en tratamiento con quimioterapia, Fox fue testigo del sufrimiento de otros afectados por el cáncer y se despertó en él la necesidad de concienciar a la ciudadanía y a los políticos sobre la importancia de incrementar los recursos para la investigación.

Y para conseguirlo decidió correr a través de Canadá para crear conciencia, en un evento al que llamó el Maratón de la Esperanza y cuyo objetivo era recaudar un dólar de cada uno de los veinticuatro millones de canadienses.

Inició su maratón el 12 de abril de 1980 y la concluyó 143 días después, ya que se vio obligado a parar cuando el cáncer le invadió los pulmones. Cubrió, en total, 5.373 kilómetros, casi una maratón diaria.

Aunque Fox prometió que volvería para completar su recorrido, nunca pudo cumplirlo. Moría un año después, a un mes de cumplir veintitrés años.

Gracias a su conmovedor desafío, Terry no solo paralizó Canadá y al mundo, sino que logró construir un mensaje de esperanza e inspiró a todo un planeta a través de su valiente lucha contra el cáncer.

Además, cumplió con creces su objetivo. La cifra de los veinticuatro millones de dólares se alcanzó el 1 de febrero de 1981, The Terry Fox Foundation ha recaudado hasta hoy más de setecientos millones de dólares para la investigación del cáncer y, desde 2007, The Terry Fox Research Institute investiga y desarrolla nuevos métodos para la detección, el diagnóstico y el tratamiento de esta enfermedad.

Terry ya no está entre nosotros, pero su inspiración nunca se ha ido...

39

Del autobús turístico a Hollywood: la lección de Steven Spielberg para alcanzar tus sueños

Con tan solo diecinueve años, un aspirante a director se bajaba de un autobús turístico en los Estudios Universal de Hollywood. Se escondió en un baño durante unas horas y después dedicó todo el día a pasear. Mientras deambulaba se encontró con un empleado de Universal que le dio un pase de tres días tras saber que quería ser director.

Anduvo durante los siguientes tres días por los estudios y al cuarto apareció de nuevo vestido con el traje y el maletín de su padre. Se acercó a la puerta, levantó la mano para saludar y dijo: «Hola, Scotty». El guardia simplemente le devolvió el saludo y lo dejó entrar.

Durante los siguientes tres meses los guardias lo saludaban sin preguntarle quién era, mientras aprovechaba para acercarse a estrellas y ejecutivos a los que invitaba a almorzar, se colaba en los estudios de sonido y las salas de edición, y absorbía tanta información como podía. Un día le dieron la oportunidad de dejar de molestar y hacer algo para el estudio. Y no la desaprovechó. Durante meses escribió y grabó un cortometraje de veintiséis minutos al que llamó *Amblin*. Resultó tan bueno que en Universal le ofrecieron un contrato de siete años, con lo que se convirtió en el director más joven en la historia de los grandes estudios de Hollywood.

A este joven aspirante lo rechazarían en dos universidades y comenzaría a estudiar cine a mediados de los setenta en la Universidad Estatal de California, en Long Beach, aunque abandonó sus estudios antes de finalizarlos.

Pero treinta y tres años después decidió regresar a la universidad y terminar la carrera. A pesar de que ya era una leyenda del cine, en la Universidad de California no iban a regalarle el título, así que, para terminarla, tuvo que presentar un Proyecto de Fin de Carrera. Todos los alumnos presentaron un corto como proyecto, pero Spielberg pidió permiso para presentar una de las películas que tenía en desarrollo.

Y presentó el que es, posiblemente, uno de los mejores trabajos que ningún profesor universitario haya tenido que corregir jamás. Una obra maestra: *La lista de Schindler*.

Una de las universidades que lo había rechazado, en reconocimiento a su trayectoria, bautizó uno de sus edificios con su nombre: Steven Spielberg.

Puedes elegir esperar y esperar hasta que la vida o el azar te den lo que quieres, o puedes elegir saltar del autobús, atreverte a intentarlo y comenzar a trabajar para hacer realidad tus sueños.

40

El sorprendente y desconocido origen del escáner médico: los Beatles

La tomografía axial computarizada, más conocida como TAC, es una tecnología que permite obtener imágenes del interior del cuerpo con todo lujo de detalles. Cuando se lanzó fue toda una revolución médica, ya que, hasta entonces, la radiografía era el único método para visualizar el interior del cuerpo.

Con la llegada del TAC, las imágenes planas y borrosas que se obtenían con las radiografías pudieron sustituirse por imágenes tridimensionales y detalladas que facilitaban el estudio del interior del cuerpo humano.

En la década de 1960, EMI era una compañía de investigación industrial; de hecho, sus siglas significaban Electrical and Musical Industries. Su negocio era la música, pero también la computación, y llegó a participar en la creación del primer ordenador de transistores.

Pero esa parte de la empresa no acababa de funcionar, por lo que la división de computación se vendió en 1962, un año antes de que el negocio discográfico firmara un contrato con un grupo de cuatro jóvenes melenudos de Liverpool: los Beatles.

En poco tiempo, aquellos jovencitos se convirtieron en leyendas vivas, lo que se tradujo en una entrada incesante de grandes beneficios para la empresa, lo que permitió dotar de fondos una investigación muy prometedora del ingeniero Godfrey Hounsfield, que se había mantenido en la compañía a pesar de la venta de la división tecnológica.

EMI le proporcionó el dinero necesario para poner en marcha el proyecto que tenía en mente desde hacía años: conseguir imágenes computarizadas del cuerpo humano, lo que lo llevó a diseñar el escáner de tomografía axial computarizada, el primer TAC de la historia.

Se lanzó al mercado en 1972 y supuso una revolución en la industria. Siete años después, Godfrey Hounsfield recibía el Premio Nobel de Medicina gracias a su innovadora invención.

La discográfica continuó financiando durante varios años la investigación en tomografía e incluso ofrecía ayudas para que se incorporase en los hospitales y los centros médicos; sin embargo, alrededor de los años noventa, EMI cesó todos sus proyectos tecnológicos para dedicarse únicamente a la música.

Así que recuerda: cuando vayas a hacerte un TAC, piensa que es posible gracias a los Beatles.

41

Domino's Pizza: el imperio del reparto a domicilio que nació para financiar unos estudios universitarios

Los hermanos Tom y James Monaghan no tuvieron una infancia fácil allá por la década de 1930. Tras la muerte de su padre, su madre se vio obligada a enviarlos a un orfanato católico gestionado por monjas polacas, donde Tom, el mayor, destacó como un magnífico estudiante de matemáticas.

Tom ansiaba ir a la universidad, pero no tenía dinero suficiente para ello, así que se alistó en el ejército, de donde regresaría tres años después, en 1960, convertido en todo un marine y dispuesto a estudiar Arquitectura.

Pero para ello necesitaba un dinero que no tenía, por lo que le propuso a su hermano que se hicieran con una pequeña pizzería, llamada DomiNicks, por 900 dólares, y que estaba al lado del campus universitario.

Tom creía que el negocio estaba en el reparto a domicilio, algo del todo desconocido en la época, por lo que centró sus esfuerzos en conseguir que ese servicio funcionara.

Pero su hermano James se desanimó por los malos resultados que estaban teniendo en sus inicios y decidió venderle a su hermano su parte del negocio; aceptó como pago el Volkswagen con el que hacían las entregas. De esta manera, Tom se quedaba con el cien por cien de la pizzería y James con el coche de segunda mano.

En ese momento, ya en solitario al frente del negocio, Tom empezó a tomar decisiones que acabarían siendo claves para su futuro: potenció los envíos a domicilio, eliminó el servicio de atención en mesa y suprimió del menú todo lo que no fueran pizzas.

Los números comenzaron a crecer y Tom adquirió otros dos locales en el condado, pero el vendedor de su primera pizzería no le permitió utilizar el nombre de DomiNicks en los nuevos restaurantes, por lo que los rebautizó como Domino's Pizza, creando su característico logo: una ficha de dominó con tres puntos, que representan los tres locales que en aquel momento tenía la compañía.

Tom siguió abriendo pizzerías cerca de otros campus universitarios para aprovechar el filón que representaban los estudiantes, los grandes consumidores de este producto. Centrado en el servicio a domicilio, diseñó una caja de cartón gruesa y más resistente, para conservar el calor de la pizza y que pudiera apilarse, y además lanzó una campaña rompedora: si no entregaban la pizza en treinta minutos, no la cobraban, te la quedabas gratis.

La campaña tuvo un enorme éxito publicitario, tan grande que acabó convirtiéndose en su eslogan, aunque años más tarde tuvieron que retirarlo, ya que recibían multitud de protestas por conducción temeraria de los repartidores para cumplir con el tiempo de los envíos.

Nacía así el reparto moderno de pizza a domicilio.

El modelo funcionó tan bien que en 1967 Tom lanzó las primeras franquicias y en 1970 ya había doscientos locales en Estados Unidos. En 1995, tenía ya mil en el extranjero, y en 2023, contaba con más de veinte mil locales en todo el mundo y más de trescientos mil empleados.

Tom vendió Domino's Pizza en 1998 por mil millones de dólares para dedicarse a la filantropía y las causas humanitarias, actividades que todavía mantiene a sus ochenta y seis años. James trabajó como cartero, guardia de seguridad y electricista, y falleció en el año 2020.

Así fue como una idea para financiar los estudios de Arquitectura se convirtió en una de las franquicias más grandes y rentables de todos los tiempos: Domino's Pizza.

42

La verdadera razón por la que Charles Dickens escribió *Cuento de Navidad*: la pobreza y el trabajo infantil

El 19 de diciembre de 1843, Charles Dickens publicó la primera edición de su *Cuento de Navidad*. En Nochebuena, el libro ya había agotado su tirada, y en Año Nuevo, su autor ya se vio envuelto en batallas por los derechos de una obra convertida en la más pirateada de toda Inglaterra.

Cuento de Navidad fue un éxito instantáneo que capturó la imaginación del público, sacó a Dickens del apuro económico en que se encontraba y lo transformó en una superestrella de las letras, porque fue capaz de entender como nadie el resurgimiento victoriano de las tradiciones navideñas para aprovechar el tirón comercial que traerían. Esto dio como resultado un clásico que, cuando se publicó, llenó el hueco de lo que un país que había vuelto a enamorarse de la Navidad estaba esperando.

La historia de Ebenezer Scrooge no solo ayudó a recuperar una serie de tradiciones cristianas, sino que también trajo otras nuevas, a la par que narraba la transformación de un anciano avaro y egoísta que recibe la visita de cuatro fantasmas en la víspera de Navidad: el de su antiguo socio Jacob Marley y los de las Navidades pasadas, presentes y futuras, espíritus que le muestran los errores de su vida y le enseñan el verdadero significado de la Navidad: la bondad, la caridad, la empatía y la solidaridad.

Pero ¿qué motivó a Dickens a escribir esta historia?

En 1843, el Gobierno británico publicó un informe sobre el problema del trabajo infantil en el país, la pobreza y las desigualdades sociales. Según el documento, miles de niños y niñas trabajaban en fábricas, minas y talleres, sometidos a jornadas extenuantes, salarios miserables y condiciones insalubres.

Dickens, furioso por esta situación, pensó en escribir un panfleto para denunciar esta realidad, pero luego cambió de parecer. En lugar de un panfleto, escribiría algo en Navidad que tendría veinte veces más fuerza.

Ese mismo año, Dickens había visitado a su hermana en Manchester, visita en la que aprovechó para encontrarse con representantes de organizaciones de caridad que ayudaban a las clases más pobres en esa ciudad industrial. Además, había estado viendo uno de los colegios más pobres de Londres, dedicado a educar a los jóvenes de la capital inglesa.

En ese mundo de marginalidad y pobreza infantil, el escritor recorría las calles de Londres en largas caminatas nocturnas de más de treinta kilómetros mientras imaginaba la mayor parte de la novela en su mente. La escribió en tan solo seis semanas con un estilo ágil, sencillo y directo, que buscaba llegar al mayor número de lectores posible.

Cuento de Navidad transmite un mensaje claro y universal: la Navidad es una época para compartir, para ser generoso, perdonar y ser feliz. Porque Dickens creía en la bondad humana y en la posibilidad de la redención, y por eso mostró que incluso Scrooge era capaz de cambiar y de convertirse en un hombre nuevo gracias a la Navidad.

43

Leonardo Del Vecchio: el italiano que creó un imperio gracias a las gafas

Leonardo Del Vecchio nació el 22 de mayo de 1935 en Milán, Italia, en una familia muy pobre de cuatro hermanos. Su padre era vendedor ambulante de verduras y falleció cinco meses antes de su nacimiento. Debido a las dificultades económicas que atravesaba la familia, su madre lo dejó en un orfanato cuando tenía siete años.

Durante el tiempo que estuvo en esta institución, Leonardo forjó un carácter de acero y adquirió el gusto y la pasión por la precisión, el dibujo y el diseño que años más tarde le darían tantos éxitos.

Con catorce años comenzó a trabajar de aprendiz en una fábrica dedicada al diseño de piezas metálicas, donde descubrió que le encantaría aprender a diseñar esas piezas, y tomó una decisión que marcaría su futuro: estudiar diseño industrial.

Con veintidós años y los estudios terminados, se trasladó a Trentino para trabajar en una empresa en la que se fabricaban piezas para gafas, donde se dio cuenta de la importancia de este elemento, no solo como herramienta, sino como un producto de moda y estilo, en los que el diseño es fundamental. Entonces se determinó a ir a Agorno, el epicentro de la industria de fábricas de óptica italiana, que además ofrecía facilidades para quienes quisieran fundar su empresa.

Allí nació Luxottica S. A. S., en 1961, cuya misión inicial era fabricar piezas metálicas para gafas y herramientas para su montaje y reparación.

En 1967, gracias a la reputación que había adquirido por la calidad de su trabajo, dio un vuelco a su idea y, con catorce empleados y un sueño, comenzó a diseñar y fabricar monturas para terceros. Entonces acudió a una feria del sector en Milán, donde sus diseños tuvieron tanto éxito que decidió empezar a vender sus propias gafas bajo su marca personal.

Su calidad y su obsesión por la innovación continua le permitieron seguir creciendo hasta llegar a un punto de inflexión que lo cambió todo: un acuerdo con Giorgio Armani para que fabricara sus gafas, lo que dio inicio a una cartera de licencias con las principales marcas de moda de todo el mundo: Versace, Tiffany, Prada, Ralph Lauren, Michael Kors… Esto le permitió adquirir otras como Oakley o Ray-Ban.

En el año 2015 anunció que regalaba diez millones de dólares en acciones a sus ocho mil empleados en Italia. «Con este gesto quiero expresar cuánto me importan mis trabajadores, a quienes realmente considero parte de mi familia».

Del Vecchio fallecía en 2022, a la edad de ochenta y siete años, tras haberse convertido en la segunda persona más rica de Italia y ocupando el puesto 52 de los más ricos del mundo, con una fortuna de casi 22.000 millones de euros. Decía que, si su madre no lo hubiese metido en aquel orfanato, jamás habría conseguido llegar a donde había llegado.

Decía el legendario filósofo austriaco Viktor Frankl: «Las circunstancias externas pueden despojarnos de todo menos de una cosa: la libertad de elegir cómo responder a esas circunstancias». Las crisis son también oportunidades, aunque no todos tienen la capacidad de crear en medio de la adversidad.

Nunca olvides que el 10 por ciento es lo que nos pasa, pero el 90 por ciento restante es cómo reaccionamos a ello.

44

Zippo, más que un encendedor. Una leyenda con garantía de por vida

Una noche de 1932, mientras George Blaisdell fumaba en el porche de un club de campo, se fijó en un hombre de negocios que trataba de prender torpemente un horrible encendedor. Al preguntarle por qué utilizaba aquel engendro, le contestó: «Porque funciona». Aquella noche, Blaisdell decidió que crearía el encendedor definitivo. Nacía Zippo.

Para ello decidió estudiar a su competencia, sus aciertos y sus errores. El mechero de origen austriaco tan poco manejable que utilizaba aquel hombre de negocios funcionaba a la perfección, pero se deformaba con facilidad, se necesitaban las dos manos para utilizarlo y tenía una forma extraña aunque necesaria, debido a que era a prueba de viento, algo que para él resultaba imprescindible.

Blaisdell comenzó a experimentar con un diseño que pudiera emplearse con una sola mano y que fuese bonito, barato, resistente y, sobre todo, que jamás fallase.

A finales de 1932 ya tenía lista su idea, que consistía en una pequeña carcasa rectangular a la que le instaló una tapa con bisagra, con la que conservaba el diseño de «chimenea» del mechero austriaco, ya que aquella innovación protegía la llama bajo todo tipo de condiciones adversas.

Ahora solo le faltaba un nombre. A Blaisdell le gustaba el sonido de la palabra *zipper* ('cremallera'), además de que se parecía al sonido que hacía su encendedor cuando se cerraba, así que fue probando variaciones hasta que se decidió por Zippo, un nombre que le pareció que sonaba moderno y *cool*.

Su nuevo encendedor comenzó a venderse a 1,95 dólares, y Blaisdell decidió que sería un producto para siempre; por tanto, creó la famosa garantía de por vida de Zippo: «O funciona, o lo reparamos gratis».

Y cumplió su promesa. En noventa años nadie se ha gastado un solo céntimo en la reparación mecánica de un Zippo, con independencia de su edad o su estado.

Pero el punto de inflexión para la compañía llegaría durante la Segunda Guerra Mundial.

Zippo dejó de vender para el mercado civil y dedicó su producción íntegramente al ejército. Millones de soldados en los campos de batalla de Europa y el Pacífico que encendían sus cigarrillos con un Zippo fueron los mejores embajadores de la marca, que se convirtió en el icono estadounidense por excelencia.

Blaisdell se desvivió no solo por su empresa, sino también por la gente de su ciudad. Solía decir: «Si no fuera por la gente de Bradford, Zippo no existiría», motivo por el cual decidió que los seiscientos millones de unidades que se han vendido en sus noventa años de historia incluyeran siempre, sin excepción, el nombre de Bradford en la base.

George Blaisdell falleció el 3 de octubre de 1978. Su primer encendedor, aquel que creó en 1932 y cuyo diseño se ha mantenido inalterable durante casi un siglo, se encontró escondido en la parte trasera de su escritorio. En la actualidad ese legendario mechero se conserva en el museo de la marca.

45

El sueño de un tendero que se convirtió en el primer supermercado de la historia

Michael J. Cullen, hijo de inmigrantes irlandeses, comenzó a trabajar para Kroger Stores, una empresa con pequeñas tiendas por todo Estados Unidos, en 1919. Sería en esta compañía, mientras trabajaba como gerente regional en el sur de Illinois, donde se le ocurriría el concepto del supermercado.

La Gran Depresión se originó en Estados Unidos a partir de la caída de la bolsa de valores de Nueva York el martes 29 de octubre de 1929, y rápidamente se extendió por todos los países del mundo, transmitiendo la inseguridad y el miedo, provocando la caída de la renta nacional, los ingresos fiscales, los beneficios empresariales y los precios.

El comercio internacional descendió más de un 50 por ciento y el desempleo en Estados Unidos aumentó hasta el 25 por ciento. Esta situación provocó que los ciudadanos cambiaran sus hábitos de gasto y ahorro, algo de lo que se percató Michael J. Cullen.

Los clientes acudían a las tiendas de barrio, locales muy pequeños, en los que los tenderos los atendían uno a uno. En consecuencia, se formaban colas que duraban varias horas. Además, ante la enorme demanda, los precios eran altos y la variedad era muy escasa. Por si fuera poco, estas tiendas estaban especializadas y no se podía hacer la compra diaria o semanal en una sola de ellas, sino que había que acudir a varias para adquirir todo lo necesario.

Fue así como se le ocurrió la idea de abrir una tienda mucho más grande donde poder vender cualquier tipo de producto, ofrecer mayores descuentos al tener capacidad para almacenar grandes cantidades y donde los clientes se sirvieran ellos mismos.

En 1930, Cullen escribió una carta al presidente de su empresa proponiéndole un nuevo tipo de tienda de alimentación siguiendo las premisas que había pensado: centrada en precios bajos, mayor superficie, con autoservicio y en ubicaciones baratas con abundante aparcamiento.

Pero su carta se ignoró, así que dejó su trabajo y decidió ponerse a trabajar para convertir en realidad su propio sueño: el primer supermercado de la historia. De esta manera, el 4 de agosto de 1930 abrió sus puertas en Queens, Nueva York, el primer supermercado del mundo: King Kullen.

La tienda vendía una amplia gama de productos, más de mil artículos, desde pintura hasta comestibles, con precios bajos y un gran aparcamiento donde dejar el coche y dedicarse a hacer grandes compras. El recorrido de compra del cliente era independiente por completo; quedaban atrás los tiempos de las fruterías para la fruta y la verdura, las carnicerías para la carne, las pescaderías para el pescado y las tiendas de ultramarinos para el jabón o los artículos de limpieza.

La noticia de aquella maravillosa tienda pronto se extendió por todas partes y la gente comenzó a llegar desde kilómetros a la redonda a su establecimiento, lo que hizo que aquel local se le quedara pequeño y provocó que decidiera poner en marcha una cadena de supermercados.

Para ello, Cullen alquilaba espacios en antiguas fábricas y almacenes que habían cerrado durante la Gran Depresión, por lo general en la periferia de los barrios, donde los precios del alquiler eran bajos y podía disponer de mucho espacio para que sus clientes aparcasen los vehículos.

Seis años después ya contaba con diecisiete supermercados y facturaba alrededor de seis millones de dólares anuales. En ese momento, Cullen tenía planes para una expansión nacional y una franquicia; sin embargo, fallecía en 1936, a la edad de cincuenta y dos años, durante una operación de apendicitis.

Aunque no vivió lo suficiente para verse reivindicado por la historia, su legado jamás podrá olvidarse, ya que el número de supermercados en Estados Unidos se disparó de 94 en 1934 a 1.200 en 1936 y más de 15.000 en 1950, lo que cambió para siempre la industria del *retail* gracias a su sueño.

En la actualidad, King Kullen tiene casi cuarenta supermercados en Estados Unidos y factura alrededor de mil millones de dólares. Los descendientes de Michael J. Cullen siguen al frente de la cadena.

46

La campaña publicitaria de la que nació el desayuno americano

Los huevos fritos con beicon son el desayuno estrella en Estados Unidos y los países anglosajones, pero lo que poca gente sabe es que esta popularidad nació gracias a una campaña de publicidad que los convirtió en el desayuno americano por excelencia.

A principios del siglo xx, los estadounidenses comenzaron a desayunar café, cereales, tostadas y zumo, hasta que en 1920 Edward Louis Bernays, conocido como el padre de las relaciones públicas, cambió esa costumbre para siempre.

Bernays era un judío de origen austriaco, sobrino de Sigmund Freud, que pasó la mayor parte de su vida en Estados Unidos combinando conceptos del marketing, la psicología, la filosofía y la sociología para ayudar a Gobiernos y compañías a cumplir sus objetivos.

Bernays, que ya había utilizado sus métodos para convencer a los estadounidenses de que la intervención de su país en la Primera Guerra Mundial llevaría la democracia a toda Europa y para aumentar las ventas de tabaco gracias a las mujeres, recibió un encargo que cambiaría para siempre la nutrición de los norteamericanos.

En 1920 lo contrató la empresa cárnica Beech-Nut Nutrition Company, que en aquella época vendía todo tipo de carne, para que ideara una campaña que hiciera aumentar su consumo. Edward analizó los hábitos alimentarios de los estadounidenses y buscó la carne más barata y más sencilla de vender, que resultó ser el beicon.

Bernays contactó con un importante médico al que le pidió que demostrase que un desayuno más fuerte era más sano y saludable para comenzar el día, y le indicó que tenía que enviar sus resultados a otros cinco mil médicos para que comprobasen sus datos. Algunos llegaron a las mismas conclusiones y otros, dejándose llevar por lo que decían algunos de sus compañeros, médicos de prestigio, simplemente se subieron al carro sin haberlo confirmado.

Ahora Bernays tan solo necesitaba hacer llegar a los

estadounidenses que este desayuno era más saludable, y para ello publicó los resultados de los informes médicos en revistas, periódicos y radio, siempre con el nombre de Beech-Nut por delante, provocando que las ventas de beicon se multiplicaran y cumpliendo así el objetivo para el que lo habían contratado.

Con esta campaña, Bernays demostró que lo que diga alguien con el suficiente renombre o prestigio será lo que seguirán el resto de los profesionales que tenga por debajo, sin verificarlo en muchos casos.

Es decir, si te ganas al líder, la manada irá detrás sin pensar. Y en pleno siglo XXI esta estrategia sigue de plena actualidad.

47

Muhammad Yunus: el profesor que confió en los pobres y se convirtió en su banquero

En la década de 1970, Muhammad Yunus enseñaba teoría económica en Bangladesh. La teoría era maravillosa, pero fuera de la universidad tan solo veía hambre y pobreza, porque los bancos no ofrecían créditos a los pobres, ya que estos no podían aportar garantías, así que decidió hacer algo al respecto: se convertiría en su banquero.

En 1976, Yunus conoció a una mujer que producía artesanías de bambú. Esta artesana le contó que, como los bancos no le concedían créditos, para poder comprar la materia prima necesitaba endeudarse con los prestamistas locales, que le cobraban unos tipos de interés muy altos.

Yunus intentó que los bancos comerciales prestaran dinero a los más necesitados, pero fracasó. Probó en distintos bancos de la India, pero todos le decían lo mismo: sin garantías no hay dinero.

Así que decidió ejecutar un simple pero poderoso gesto que revolucionaría el mundo económico y bancario: los microcréditos.

Para ello fundó una organización social llamada Gram Sarker, a través de la cual prestó 27 dólares a cuarenta y tres tejedores de cestas cercanos al campus, una pequeña cantidad de dinero para él, pero con la que ellos podrían transformar su vida y que sin duda los ayudaría a salir de la pobreza.

El único requisito que les pidió fue que se concentraran en el trabajo y que devolvieran el dinero cuando pudieran. Todos sin excepción lo hicieron.

Tras el éxito inicial de su idea, Yunus se movió de pueblo en pueblo para financiar todo tipo de proyectos de emprendimiento.

El éxito fue tan grande que en 1983 fundaba el Grameen Bank, una institución que ofrecía créditos a las personas más desfavorecidas y las convertía en accionistas, y que contribuyó al desarrollo del concepto de microcrédito.

Yunus ha obtenido numerosos reconocimientos por

su labor, como el Premio Príncipe de Asturias en 1998, el Premio Simón Bolívar en 1996 y el Premio Nobel de la Paz en 2006. En la actualidad, su banco tiene más de 22.000 empleados que trabajan en las calles de casi 38.000 pueblos y aldeas de Bangladesh. Su modelo está presente en más de cien países y ha prestado más de dos mil millones de euros a más de dos millones de personas, de los cuales el 94 por ciento son mujeres pobres. El 97 por ciento de las personas que reciben sus créditos los devuelven, una tasa que supera por mucho todos los pronósticos y los del sistema bancario tradicional.

Según el Banco Mundial, un 55 por ciento de las personas que han recibido uno de sus microcréditos ha salido del umbral de la pobreza. Otro 45 por ciento está en proceso de conseguirlo.

«Nuestro trabajo en Grameen Bank nos mostró que la gente pobre tiene habilidades que permanecen inutilizadas y que es capaz de cambiar su propio destino si se le dan las oportunidades correctas». Muhammad Yunus, el banquero de los pobres.

Por eso esta historia es maravillosa, porque no se trata de regalar dinero, no se trata de regalar el pescado, sino de regalar la caña; de regalar la harina y la levadura, y no de dar el pan. Se trata de confiar en los demás y de ofrecerles la oportunidad de progresar y cumplir sus sueños.

48

Grace Kelly: la historia de amor que todos nos creímos y que creó una princesa por veinte millones de dólares

¿Fue la historia de amor entre Grace Kelly y Rainiero de Mónaco una historia real? Te preguntarás qué tiene que ver esto con la inspiración. Pues mucho, porque este es el mejor ejemplo de cómo una gran historia puede convertir en real una gran mentira.

Seguro que has visto, oído o leído miles de veces el cuento de hadas del flechazo que convirtió a una estrella de Hollywood, Grace Kelly, en esposa de Rainiero y princesa de Mónaco, pero las cosas no fueron exactamente como te las contaron en esta historia que engañó a millones de personas.

Todo fue orquestado.

A mediados de los años cincuenta, Mónaco debía solventar la larga soltería del príncipe Rainiero, quien con treinta y tres años no tenía perspectivas matrimoniales. Además, otro acuciante problema ahogaba al pequeño principado: su deuda nacional, que ponía en peligro la independencia del Estado.

El príncipe Rainiero solo tenía un aliado: el millonario griego Aristóteles Onassis, que le dio un consejo: «Mueve tu culo real y consigue una novia que pueda hacer por Mónaco lo mismo que hizo la coronación de la reina Isabel II por Gran Bretaña».

Onassis, que era el propietario del Casino de Montecarlo y de varios hoteles del Principado, quería convertir la boda del príncipe en una atracción turística que volviera a poner al país en el primer lugar de los destinos de la élite europea, por lo que ordenó a Rainiero que escogiera a la actriz más famosa de Hollywood para hacer de Mónaco un sitio de ocio para millonarios internacionales y estrellas del cine.

Se barajaron varios nombres, entre ellos el de Marilyn Monroe, pero la elegida fue Grace Kelly, una de las mayores estrellas de Hollywood en esa época, a quien le pidieron una dote para poder convertir su cuento de hadas en realidad: dos millones de dólares (unos veinte millones actuales).

La joven estrella ni se lo pensó, aunque tuvo que recurrir a su padre, un rico empresario de Filadelfia, para poder pagar, ya que el dinero que había conseguido en Hollywood no era suficiente.

La boda finalmente se celebró, Aristóteles Onassis convirtió el Casino de Mónaco en el destino favorito de los ricos, Rainiero logró pagar las deudas del principado y, de hecho, en 1964 pudo librarse del millonario griego al recuperar el control del banco nacional, que también estaba en manos de Onassis.

El día de la boda, Grace Kelly se mostraba tímida ante su príncipe e iba preciosa, con un vestido de encaje que las novias de todo el mundo copiarían milimétricamente durante años. Él, condecorado hasta el cuello, era la viva estampa de un príncipe azul. ¿Cómo no iba a calar esta historia? Era imposible que no funcionara.

Y así fue como la historia de amor de la plebeya americana que enamoró a un príncipe y a todo un planeta se convirtió en realidad.

Por eso este cuento de príncipes, esta historia «real», es importante para ti, porque con ella puedes ver que incluso la mayor mentira del mundo puede resultar creíble si se cuenta una buena historia. Eso sí, no olvides que eres tú quien decide qué hacer con ese poder.

49

El «loco» que perforó el primer pozo petrolífero del mundo y del que nació la industria petrolera moderna

Corría el año 1858 y Edwin Drake tenía una idea en mente que cambiaría para siempre la historia de la humanidad. Muchos se reían de él hasta que lo que algunos llamaban «la locura de Drake» se convirtió en el origen de la industria petrolera moderna.

A Drake lo había contratado la compañía Seneca Oil y le había encomendado la misión de encontrar y extraer petróleo en las montañas de Pensilvania. Aunque Drake no tenía ni idea ni de minería ni de geología, tenía dos virtudes que lo convertían en el candidato perfecto para el trabajo: dominaba todo tipo de herramientas y además era intrépido y osado.

Así que, a principios de 1858, comenzó su expedición en busca de petróleo. Drake comenzó las prospecciones de la manera en que se hacía en aquella época: cavando zanjas. Pero fracasó, no encontró ni una gota de petróleo, así que decidió probar otro método que había visto usar en las minas de sal: la perforación.

Pero se encontró con un problema: nadie parecía entenderlo.

El petróleo solía aparecer cuando se perforaba en busca de sal, pero la gente no era capaz de comprender el sentido de perforar un pozo tan solo para obtener petróleo, les parecía ridículo y una locura.

Aun así, Drake se puso manos a la obra, construyó un pozo y comenzó a perforar durante todo el verano de 1859; sin embargo, el progreso era demasiado lento, ya que avanzaba apenas un metro por día, lo que le desesperaba.

Además, los curiosos comenzaron a acudir en masa a reírse de la «locura de Drake», como habían llamado a aquel pozo. Querían ver cómo progresaba aquel despilfarro de tiempo y dinero, e incluso la propia Seneca Oil, cansada de esperar, tiró la toalla y le cerró el grifo de la financiación.

Sin embargo, Drake no cejó en su empeño y continuó perforando con su propio dinero hasta que el 27 de agosto de 1859 alcanzó los veintiún metros de profundidad. En ese punto el taladro se encontró con una grieta, así que el Loco Drake, como ya lo llamaban, prefirió pararlo todo y mandar a sus empleados a casa a descansar.

Su sueño se había desvanecido.

Pero cuando regresaron a la excavación al día siguiente, lo que vieron los dejó perplejos: el petróleo había comenzado a brotar. Habían tardado un año y medio, pero lo habían conseguido. Era el primer pozo de petróleo de la historia, del que se extraía en aquel momento casi el cien por cien de la producción mundial.

Ese día comenzaba la legendaria fiebre del petróleo.

Por desgracia, Drake no fue capaz de anticipar su éxito y no patentó sus investigaciones ni sus métodos, ni tampoco había adquirido tierras para especular, por lo que acabó arruinado y tuvo que vivir durante años de la caridad, hasta que en 1873 el estado de Pensilvania le concedió una paga vitalicia por su contribución al progreso de la industria.

Drake moría en noviembre de 1880 y el Estado se hizo cargo de los gastos de su entierro. Quizá a él no le valió de mucho, pero su descubrimiento cambió para siempre la historia de la humanidad.

50

Rafael Guastavino: el olvidado arquitecto español que reinventó Nueva York

En 1962, durante un servicio religioso, el profesor de Historia del Arte George Collins observaba la bóveda de la capilla de la Universidad de Columbia, y le recordó a la obra de Gaudí, de quien era uno de los mayores estudiosos del mundo.

Collins se puso a investigar y descubrió que había bóvedas y techos similares en otros edificios de la ciudad, hasta que dio con el nombre de su creador: Guastavino.

Buscó en la guía telefónica y vio que en Woburn, Massachussets, había una compañía con ese nombre. Llamó a su sede para preguntar si contaban con un inventario de las obras, a lo que contestaron que sí, que tenían los registros, pero que, como la empresa acababa de cerrar, estaban destruyendo toda la documentación. Collins les pidió que esperasen y se plantó en Woburn para salvar todos los documentos de la compañía, y con ello salvó también a su creador, Rafael Guastavino, del olvido. No podía entender cómo un nombre de tanta importancia en la arquitectura de Estados Unidos había quedado relegado a un lugar prácticamente inexistente en la memoria colectiva.

El valenciano Rafael Guastavino Moreno había llegado a Nueva York en 1881 con un hijo de nueve años, su ama de llaves y las dos niñas de esta, con la ambición de encontrar las grandes oportunidades que no había hallado en España.

Apenas hablaba inglés, pero en Barcelona ya había ejecutado algunas obras sensacionales, como la fábrica textil Batlló o el Teatro La Massa, en Vilassar de Dalt. Tras su llegada firmó algunos proyectos que pasaron sin pena ni gloria, hasta que le dieron una oportunidad en el estudio de arquitectura más importante de la época, McKim, Mead & White, para quien creó la bóveda de la Biblioteca Pública de Boston.

Aquella obra le sirvió para publicitar sus habilidades y le empezaron a llover encargos de bóvedas y techos, pues sus diseños evitaban los temidos incendios, por lo que decidió, junto a su hijo, fundar una constructora, la Guastavino Fireproof Construction Company.

Llegaron a tener doce oficinas por todo el país, fundaron su propia fábrica de ladrillos y baldosas para poder atender la demanda, registraron patentes sobre métodos de construcción y materiales, y se convirtieron en los constructores favoritos de Estados Unidos.

Los Guastavino participaron en cerca de mil obras por todo el país, trescientas sesenta en Nueva York, algunas tan legendarias como la estación Grand Central, la entrada del Carnegie Hall o el Museo de Historia Natural. Para identificarlas tan solo hay que mirar al techo.

Curiosamente, unos años más tarde, su hijo completó su historia al remodelar la bóveda de la oficina de inmigración de la isla de Ellis, la puerta de entrada al sueño americano de millones de inmigrantes, el lugar a donde Rafael había llegado en 1881 desde España.